✏️ 다음 낱말의 뜻을 보고, 낱말을 알맞게 사용한 친구에게 ○표 하세요.

검색(檢 검사할 검, 索 찾을 색)하다

책이나 컴퓨터에서 필요한 자료를 찾아내다.
예 숙제에 필요한 자료를 찾아보려고 인터넷으로 검색했다.

대량(大 큰 대, 量 헤아릴 량)

아주 많은 분량이나 수량.
비슷한말 다량
반대말 소량
예 공장에서 학용품을 대량으로 생산했다.

대중(大 큰 대, 衆 무리 중)

수많은 사람의 무리.
비슷한말 군중
예 대중 앞에서 말할 때에는 높임말을 사용해야 한다.

매체(媒 중매 매, 體 몸 체)

어떤 사실을 널리 전달하는 수단이 되는 것.
예 매체를 볼 때에는 전달 내용이 사실인지 판단하며 보아야 한다.

영상(映 비출 영, 像 모양 상)

영화, 텔레비전 등의 화면에 나타나는 모습.
예 컴퓨터 모니터로 영상을 재생했다.

인쇄(印 도장 인, 刷 인쇄할 쇄)

잉크를 사용하여 글, 그림, 사진 같은 것을 종이나 천 등에 기계로 찍어 냄.
예 인쇄 기술의 발달로 많은 책을 빠르게 생산할 수 있게 되었다.

대중 앞에서 큰 목소리로 연설했어.

( )

연필을 대량으로 한 자루만 샀어.

( )

어제 재미있게 본 동영상을 인쇄를 해서 다시 봤어.

( )

1 다음 낱말의 뜻을 보기에서 찾아 기호를 쓰세요.

보기

ㄱ 아주 많은 분량이나 수량.
ㄴ 영화, 텔레비전 등의 화면에 나타나는 모습.
ㄷ 어떤 사실을 널리 전달하는 수단이 되는 것.
ㄹ 잉크를 사용하여 글, 그림, 사진 같은 것을 종이나 천 등에 기계로 찍어 냄.

(1) 영상 ( ) (2) 대량 ( )
(3) 인쇄 ( ) (4) 매체 ( )

2 다음 낱말의 뜻에 맞게 ( )에 들어갈 알맞은 낱말을 찾아 ○표 하세요.

(1) 대중 ➡ 수많은 (동물, 사람)의 무리.

(2) 검색하다 ➡ 책이나 컴퓨터에서 필요한 자료를 (베끼다, 찾아내다).

3 다음 문장에 어울리는 낱말을 보기에서 찾아 빈칸에 쓰세요.

보기

매체, 검색, 대중

(1) 날씨가 궁금해서 인터넷으로 날씨를 ( )해 보았다.
(2) 공연장에 모인 ( )들은 가수의 노래를 따라 불렀다.
(3) 라디오 같은 ( )을/를 활용하여 신제품을 알리기로 했다.

4 다음 문장에 어울리는 낱말을 ( )에서 찾아 ○표 하세요.

어휘
적용

(1) 책을 샀는데 (인쇄 / 영상)이/가 선명해서 보기가 좋았다.

(2) 스마트폰으로 촬영한 (인쇄 / 영상)을/를 친구에게 보여 주었다.

5 다음 밑줄 친 낱말과 뜻이 비슷한 낱말은 무엇인가요? ( )

어휘
확장

대통령 후보는 <u>대중</u> 앞에서 연설을 하였다.

① 군중   ② 대원   ③ 대장
④ 대표   ⑤ 손님

관용 표현

6 다음 글의 내용에 어울리는 한자 성어를 찾아 ○표 하세요.

> "**대량**으로 물건을 구입하시면 할인 혜택이 있습니다."
> "대량으로 제품을 구입하시면 증정품을 드립니다."
> 설 명절을 맞아 대형 마트들은 다양한 할인 행사를 진행하고 있다. 마트에서 명절 선물을 구입한 한 시민은 "더 많은 물건을 살수록 혜택이 늘어나서 좋았다."고 말했다.

(1) 다다익선(多多益善): 많으면 많을수록 더욱 좋음.   (   )

(2) 소탐대실(小貪大失): 작은 것을 탐하다가 큰 것을 잃음.   (   )

(3) 설상가상(雪上加霜): 눈 위에 서리가 덮인다는 뜻으로, 난처한 일이나 불행한 일이 잇따라 일어남을 이르는 말.   (   )

독해로
어휘 마무리

오늘의
나의 실력은?

최고야   좋았어   힘내자

1주 1일
정답 확인

[7~8] 다음 설명하는 글을 읽고, 물음에 답하세요.

　많은 사람들에게 **대량**의 정보를 전달하는 수단을 **대중 매체**라고 한다. 우리 주변에는 정보를 전달해 주는 여러 가지 대중 매체 자료가 있다. 대중 매체 자료는 크게 종이책이나 신문, 잡지 같은 (　ㄱ　) 매체 자료, 영화나 텔레비전 같은 (　ㄴ　) 매체 자료, 누리 소통망[SNS]이나 스마트폰 같은 인터넷 매체 자료로 구분할 수 있다.

　그런데 요즘 대부분의 청소년들은 인쇄 매체 자료보다 즉각적으로 정보를 얻을 수 있는 영상 매체 자료나 필요한 정보를 빠르게 **검색하여** 활용할 수 있는 인터넷 매체 자료를 더 선호한다. 텔레비전, 컴퓨터, 스마트폰, 태블릿 컴퓨터 등으로 정보를 빠르게 얻고 활용하는 것에 익숙해져 있어서 종이책이나, 신문, 잡지 등의 인쇄 매체 자료를 멀리한다.

　인쇄 매체 자료와 영상 매체 자료, 인터넷 매체 자료는 그 특성이 모두 다르다. 따라서 자신이 얻고자 하는 정보가 무엇인지 정확히 알고 그것에 맞는 매체 자료를 활용하여 정보를 얻는 것이 매우 중요하다.

◆**선호한다:** 여럿 가운데서 특별히 가려서 좋아한다.

7　㉠과 ㉡에 들어갈 알맞은 낱말을 쓰세요.

　　(1) ㉠: (　　　　　　　　　　　)　　　　　(2) ㉡: (　　　　　　　　　　　)

8　요즘 청소년들이 인쇄 매체 자료보다 인터넷 매체 자료를 더 선호하는 까닭은 무엇인가요?

　　　　　　　　　　　　　　　　　　　　　　　　　　　　(　　　　　)

　　① 주변에 인쇄 매체 자료가 없어서
　　② 인쇄 매체 자료를 활용할 줄 몰라서
　　③ 인쇄 매체 자료로는 정보를 얻을 수 없어서
　　④ 인쇄 매체 자료가 거짓된 정보를 전달해 주어서
　　⑤ 인쇄 매체 자료보다 정보를 빠르게 검색하여 활용할 수 있어서

자료 활용과 관련된 말 ❷

✏️ 다음 낱말이 사용된 상황을 보고, 초성에 알맞은 낱말을 써넣어 짧은 글을 완성하세요.

우리 모둠의 발표 주제는 '우리나라의 월별 강수량'입니다.

수집하고 분석한 조사 결과를 도표로 정리하였습니다.

발표 의도에 맞게 발표를 체계적으로 잘 구성했네요!

오늘의 어휘

• **도표**(圖 그림 도, 表 겉 표): 자료를 분석하여 그림으로 나타낸 표.

• **분석**(分 나눌 분, 析 가를 석)**하다:** 얽혀 있거나 복잡한 것을 풀어서 하나하나 따져 밝히다.

• **수집**(蒐 모을 수, 集 모을 집)**하다:** 취미나 연구를 위하여 여러 가지 물건이나 재료를 찾아 모으다.

　비슷한말 　모으다

• **의도**(意 뜻 의, 圖 그림 도): 무엇을 하고자 하는 생각이나 계획.

　비슷한말 　뜻

• **주제**(主 주인 주, 題 제목 제): 대화나 연구 등에서 중심이 되는 문제.

　비슷한말 　논제

　모양이 같은 말 　주제: 못난 처지나 형편.

• **체계적**(體 몸 체, 系 이을 계, 的 과녁 적): 전체가 일정한 원리에 따라 단계적으로 잘 짜여진 것.

📝 **짧은 글짓기**

❶ 친구가 질문한 [ㅇ][ㄷ]가 궁금했습니다.

❷ 어머니의 취미는 도자기를 [ㅅ][ㅈ]하시는 것입니다.

❸ 과학 시간에 한 실험이 실패한 까닭을 [ㅂ][ㅅ]하기 위해 친구들과 의견을 나누었습니다.

1 다음 낱말의 뜻에 알맞게 선으로 이으세요.

어휘
확인

(1) 도표 •

(2) 분석하다 •

(3) 의도 •

• ㉮ 무엇을 하고자 하는 생각이나 계획.

• ㉯ 자료를 분석하여 그림으로 나타낸 표.

• ㉰ 얽혀 있거나 복잡한 것을 풀어서 하나하나 따져 밝히다.

2 다음 밑줄 친 낱말의 뜻에 맞게 (   )에 들어갈 알맞은 낱말을 찾아 ○표 하세요.

어휘
확인

(1) 오늘 학급 회의 주제는 '급식을 남기지 말자'입니다.

➡ 대화나 연구 등에서 (중심, 부분)이 되는 문제.

(2) 제주도로 여행을 가기 전에 인터넷으로 정보를 수집했다.

➡ 취미나 연구를 위하여 여러 가지 물건이나 재료를 찾아 (숨겼다, 모았다).

3 다음 중 밑줄 친 낱말을 알맞게 사용하여 말한 친구에게 모두 ○표 하세요.

어휘
적용

나쁜 의도로 말한 게 아닌데 친구가 화를 내서 당황스러웠어.

(   )

오늘 축구 경기에서 우리 반이 진 원인을 분석해 봤어.

(   )

너의 설명이 체계적이어서 알아듣기 힘들었어.

(   )

4 다음 대화에서 밑줄 친 낱말과 뜻이 비슷한 낱말을 찾아 쓰세요.

어휘
확장

> 민규: 장래 희망은 정했어?
> 수혁: 난 아버지의 뜻에 따라 의사가 되기로 결심했어.
> 민규: 그렇구나. 부모님의 <u>의도</u>와는 상관없이 네가 이루고 싶은 꿈은 뭐야?

(   )

5 다음 문장에 쓰인 '주제'의 뜻에 알맞게 선으로 이으세요.

어휘
확장

(1) 노력도 하지 않는 <u>주제</u>에 합격을 바라면 안 된다.   •

  • ㉮ 못난 처지나 형편.

(2) 지수는 자꾸 토론 <u>주제</u>에서 벗어난 말을 해서 분위기를 흐렸다.   •

  • ㉯ 대화나 연구 등에서 중심이 되는 문제.

관용 표현

6 다음 글을 읽고, 밑줄 친 속담을 알맞게 사용한 문장에 ○표 하세요.

> 수박은 껍질이 두꺼워서 벗기고 먹어야 하는데 겉만 핥고서는 맛을 알 수 없다. '<u>수박 겉 핥기</u>'라는 속담은 맛있는 수박을 먹는다는 것이 딱딱한 겉만 핥고 있다는 뜻으로, 사물의 속 내용은 모르고 겉만 건드리는 일을 이르는 말이다. 글을 쓰기 위해 필요한 자료를 **수집할** 때에도 내용을 대충 보지 말고 꼼꼼히 읽어야 한다.

(1) 변호사 시험에 붙는 것은 수박 겉 핥기만큼 어렵다.   (   )

(2) 박물관에 사람이 너무 많아서 수박 겉 핥기 식으로 대충 보고 나왔어.   (   )

(3) 수영 선수였던 삼촌에게 이 정도 깊이에서 수영하는 일은 수박 겉 핥기지.   (   )

독해로
어휘 마무리

오늘의
나의 실력은?

최고야
좋았어 힘내자

1주 2일
정답 확인

[7~8] 다음 일기를 읽고, 물음에 답하세요.

20○○년 ○○월 ○○일 일요일	날씨: 맑음

　내일 국어 시간에 발표할 자료를 준비하느라 종일 바빴다. 내가 발표 **주제**로 정한 것은 '초등학생 희망 직업'이다.

　먼저 인터넷을 검색하여 '초등학생 희망 직업 순위'에 대해 자료를 ㉠**수집했다**. 교육부와 한국 직업 능력 연구원에서 조사하고 **분석한** 자료가 눈에 띄었다. 초등학생이 희망하는 직업 1위는 운동선수, 2위는 교사, 3위는 크리에이터♦, 4위는 의사였다. 내가 되고 싶은 요리사는 6위를 차지했다. 그리고 자료를 보고 희망 직업이 없다고 대답한 초등학생이 19.3퍼센트나 된다는 것도 알게 되었다.

　수집한 자료를 활용하여 발표문을 쓰는데 잘 정리가 되지 않았다.

　"누나, 글이 너무 긴데 이해하기 쉽게 정리가 안 돼."

　누나가 내용을 한눈에 알아볼 수 있게 표와 **도표**로 정리해 주었다. 누나 덕분에 발표 자료 준비를 잘 끝냈다.

　'내일 친구들 앞에서 떨지 않고 발표를 잘할 수 있을까?'

　벌써부터 떨려서 가슴이 두근두근 뛴다.

♦ 크리에이터: 유튜브나 인터넷 방송 같은 온라인 공간에서 창작 활동을 하는 사람

7 ㉠'수집했다'와 뜻이 비슷한 낱말은 무엇인가요? (　　　)

① 넘겼다　　　　② 모았다　　　　③ 분석했다
④ 이해했다　　　⑤ 준비했다

8 이 글의 내용으로 알맞은 것을 모두 고르세요. (　　,　　)

① '나'의 희망 직업은 요리사이다.
② '나'는 발표할 자료를 신문에서 찾았다.
③ '나'는 수집한 자료를 혼자서 정리하였다.
④ '내'가 발표할 주제는 '초등학생 희망 직업'이다.
⑤ '나'는 내일 발표를 할 생각에 행복한 마음이 들었다.

자료 활용과 관련된 말 ❸

✏️ 다음 낱말의 뜻을 보고, 초성에 알맞은 말을 써넣으세요.

이번 영화제에서는 이 영화를 최우수 작품으로 ㅅㅈ 했습니다.

감독이 ㅇㅊ 한 아름다운 장면들이 인상 깊은 작품이에요.

일상 속 숨겨진 일들을 ㅌㅅ 하여 영화로 만들었습니다.

ㅈㅈ 하는 데 삼 년이나 걸린 영화래요.

ㅈㅈ 한 주제 선정이 인상 깊어요.

영상을 ㅍㅈ 하면서 배경 음악을 많이 사용했구나.

오늘의 어휘

• **선정**(選 가릴 선, 定 정할 정)**하다:** 여럿 가운데서 어떤 것을 뽑아 정하다. [비슷한말] 뽑다

• **연출**(演 펼 연, 出 날 출)**하다:** 연극, 영화, 방송에서 대본에 따라 감독하여 작품을 완성하다.

• **적절**(適 맞을 적, 切 끊을 절)**하다:** 꼭 알맞다. [비슷한말] 적합하다, 알맞다

• **제작**(製 지을 제, 作 지을 작)**하다:** 재료를 가지고 새로운 물건이나 예술 작품을 만들다. [비슷한말] 만들다

• **탐색**(探 찾을 탐, 索 찾을 색)**하다:** 드러나지 않은 사실을 찾아내거나 밝히기 위해 살피어 찾다.
[비슷한말] 탐구하다

• **편집**(編 엮을 편, 輯 모을 집)**하다:** 여러 가지 재료를 모아 신문, 잡지, 책 등을 만들다. 또는 영화 필름, 녹음테이프, 문서 등을 하나의 작품으로 완성하다.

1 다음 낱말의 뜻으로 알맞은 것을 찾아 ○표 하세요.

(1) **연출하다**
　⊙ 영화, 음악, 미술 같은 예술 작품을 즐기고 평가하다.　（　　　）
　ⓒ 연극, 영화, 방송에서 대본에 따라 감독하여 작품을 완성하다.
　　　　　　　　　　　　　　　　　　　　　　　　　　（　　　）

(2) **탐색하다**
　⊙ 제 마음대로 할 수 없는 곳이나 위험한 곳에서 빠져나오다.
　　　　　　　　　　　　　　　　　　　　　　　　　　（　　　）
　ⓒ 드러나지 않은 사실을 찾아내거나 밝히기 위해 살피어 찾다.
　　　　　　　　　　　　　　　　　　　　　　　　　　（　　　）

2 다음 뜻에 알맞은 낱말이 완성되도록 빈칸에 들어갈 글자를 글자판에서 찾아 쓰세요.

| 편 | 정 | 선 | 집 |

(1) 여럿 가운데서 어떤 것을 뽑아 정하다. ➡ 　　　하다

(2) 여러 가지 재료를 모아 신문, 잡지, 책 등을 만들다. 또는 영화 필름, 녹음테이프, 문서 등을 하나의 작품으로 완성하다. ➡ 　　　하다

3 다음 문장의 밑줄 친 부분과 뜻이 통하는 낱말을 **보기**에서 찾아 쓰세요.

─보기─
연출하다가, 탐색하다가, 편집하다가

형사는 사건이 일어난 장소를 <u>살피어 찾다가</u> 진실을 밝혀냈다.

（　　　　　　　）

4 다음 ( )에 들어갈 알맞은 낱말을 찾아 선으로 이으세요.

어휘
적용

(1) 날씨가 선선해서 여행을 다니기에 ( )하다. · · ㉮ 선정

(2) 이 영화는 실제 있었던 일을 바탕으로 ( )한 것이다. · · ㉯ 적절

(3) 실력이 비슷비슷해서 최고의 선수를 ( )하는 것이 어려웠다. · · ㉰ 제작

5 다음 밑줄 친 낱말과 바꾸어 쓸 수 있는 낱말을 모두 고르세요. (,)

어휘
확장

내 주장을 뒷받침할 <u>적절한</u> 자료를 찾기 위해 도서관에 갔다.

① 벗어난 ② 비슷한 ③ 신기한
④ 알맞은 ⑤ 적합한

관용 표현

6 다음 글의 빈칸에 들어갈 관용어로 알맞은 것을 찾아 ○표 하세요.

우리 모둠은 '음식물 쓰레기'를 주제로 영상을 **제작하여** 발표하기로 했다. 성규와 예은이는 반 친구들이 급식실에서 점심을 먹고 남은 음식물을 버리는 장면을 촬영했다. 나와 진수는 촬영한 장면에 자막을 넣고 영상을 멋지게 **편집하였다.** 다른 모둠 친구들은 우리 네 명이 [   ] 무척 부러워했다.

(1) 손이 크다며: 씀씀이가 후하고 크다며. ( )

(2) 손발이 맞는다며: 함께 일을 하는 데에 마음이나 의견, 행동 등이 서로 맞다며. ( )

(3) 손발이 따로 논다며: 함께 일을 하는 데에 마음이나 의견, 행동 등이 서로 맞지 않는다며.
( )

독해로
어휘 마무리

오늘의
나의 실력은?

최고야 좋았어 힘내자

1주 3일
정답 확인

[7~8] 다음 소개하는 글을 읽고, 물음에 답하세요.

크리에이터는 유튜브나 인터넷 방송 같은 온라인 공간에서 창작 활동을 하는 사람을 가리키는 말이에요.

크리에이터가 되려면 가장 먼저 자기가 좋아하고 관심 있는 분야가 무엇인지 **탐색해야** 해요. 그래야 어떤 콘텐츠로 영상을 ㉠**제작하면** 좋을지 ㉡**선정할** 수 있으니까요.

그다음으로 영상을 어떻게 찍을지 계획을 세워야 해요. 영상을 어떤 순서로 찍을지 정리해 보고, 각 장면에 필요한 글이나 대사도 미리 생각해 두면 더 좋은 영상을 만들 수 있어요.

마지막으로 스마트폰을 이용하여 직접 동영상을 촬영하고 **편집해서** 자신이 만든 온라인 채널에 영상을 올리면 끝이에요.

특별한 장비 없이 스마트폰만 있으면 누구나 크리에이터가 될 수 있어요. 물론 인기 크리에이터가 되는 것은 말처럼 쉽지 않아요. 크리에이터를 꿈꾸고 있다면 자신이 어떤 분야에 관심이 있는지 파악해 보고 한번 도전해 보세요.

◆ **창작**: 예술 작품 같은 것을 처음으로 만들어 내는 것. 또는 그렇게 만든 작품.

◆ **콘텐츠**: 동영상, 글, 음악, 그림처럼 매체를 통해 우리에게 정보와 재미를 주는 내용물.

7 ㉠, ㉡과 바꾸어 써도 뜻이 통하는 낱말을 **보기**에서 찾아 쓰세요.

보기
뽑을, 없앨, 배우면, 만들면

(1) ㉠: (   )   (2) ㉡: (   )

8 다음 중 이 글에서 답을 찾을 수 있는 질문을 모두 고르세요. (,   )

① 크리에이터는 무슨 뜻인가요?

② 크리에이터의 나쁜 점은 무엇인가요?

③ 크리에이터는 어떻게 될 수 있을까요?

④ 크리에이터가 되면 돈을 얼마나 벌 수 있나요?

⑤ 요즘 가장 인기 있는 크리에이터는 누구인가요?

자료 활용과 관련된 말 ④

✏️ 다음 낱말이 사용된 상황을 보고, 뜻에 맞는 낱말을 써넣어 사전을 완성하세요.

어휘 사전

❶ [ㄷ][ㅇ] (同 같을 동, 意 뜻 의)
: 다른 사람의 행동을 허락하거나 인정함. 비슷한말 허락

❷ [ㅅ][ㅎ] (狀 형상 상, 況 상황 황)
: 일이 되어 가는 과정이나 형편.

❸ [ㅈ][ㅈ][ㄱ]
(著 나타날 저, 作 지을 작, 權 권세 권)
: 책이나 예술 작품을 지은 사람이 자기가 지은 것에 대해 가지는 권리.

❹ [ㅈ][ㅅ] (提 끌 제, 示 보일 시)**하다**
: 무엇을 하고자 하는 생각을 말이나 글로 나타내어 보이다.

❺ [ㅊ][ㅊ] (出 날 출, 處 곳 처)
: 사물이나 말 같은 것이 생기거나 나온 근거.

❻ [ㅎ][ㄱ][ㅈ]
(效 본받을 효, 果 열매 과, 的 과녁 적)
: 어떠한 것을 하여 좋은 결과가 드러나는 것.

1 다음 낱말의 뜻풀이에 들어갈 알맞은 낱말을 보기 에서 찾아 쓰세요.

어휘
확인

보기
> 말, 과정, 근거, 인정

(1) 상황: 일이 되어 가는 (   )(이)나 형편.

(2) 동의: 다른 사람의 행동을 허락하거나 (   )함.

(3) 출처: 사물이나 말 같은 것이 생기거나 나온 (   ).

(4) 제시하다: 무엇을 하고자 하는 생각을 (   )(이)나 글로 나타내어 보이다.

2 다음 낱말의 뜻에 맞게 (   )에 들어갈 알맞은 낱말을 찾아 ○표 하세요.

어휘
확인

(1) 효과적 ➡ 어떠한 것을 하여 (나쁜, 좋은) 결과가 드러나는 것.

(2) 저작권 ➡ 책이나 예술 작품을 지은 사람이 자기가 지은 것에 대해 가지는 (권리, 책임).

3 다음 낱말이 들어갈 문장을 찾아 선으로 이으세요.

어휘
적용

(1) 출처 •

• ㉮ 힘들고 어려운 (   )에서도 용기를 잃지 않았다.

(2) 상황 •

• ㉯ 이 문화재 사진의 (   )이/가 국립 경주 박물관이어서 믿을 만했다.

4 다음 중 밑줄 친 낱말을 알맞게 사용한 친구에게 ○표 하세요.

어휘
적용

학급 문고를 깨끗이
정리하자는 의견을
제시했어.

( )

음식을 한꺼번에
많이 먹어야
건강에 **효과적**이야.

( )

인터넷에 있는 글은
저작권이 있어서 그대로
베껴 써도 돼.

( )

5 다음 밑줄 친 낱말과 뜻이 비슷한 낱말은 무엇인가요? ( )

어휘
확장

다른 사람의 얼굴을 <u>동의</u> 없이 함부로 촬영해서는 안 된다.

① 결심   ② 반대   ③ 상상
④ 주장   ⑤ 허락

관용 표현

6 다음 글을 읽고, 밑줄 친 한자 성어의 뜻으로 알맞은 것을 찾아 ○표 하세요.

아빠: 「토끼의 간」에서 용왕님의 병을 고치기 위해 자신의 간을 꺼내야 한다는 소리를
들고 토끼가 뛰어난 <u>임기응변</u>을 발휘한 거 기억하지?

호준: 네. 육지의 볕 좋은 곳에 간을 두고 왔으니 자신을 육지로 보내 주면 간을 가지
고 오겠다고 말해서 무사히 육지로 돌아왔잖아요.

아빠: 맞아. 아무리 위급한 **상황**일지라도 침착하게 대처하면 문제를 잘 해결할 수 있
단다.

(1) 남과 처지를 바꾸어 생각하는 것.   ( )

(2) 물음과는 전혀 상관없는 엉뚱한 대답을 하는 것.   ( )

(3) 그때그때 처한 형편에 맞추어 알맞게 일을 처리하는 것.   ( )

 독해로 어휘 마무리

오늘의
나의 실력은?

최고야 좋았어 힘내자

1주 4일
정답 확인

[7~8] 다음 주장하는 글을 읽고, 물음에 답하세요.

인터넷에 올라와 있는 다른 사람의 글을 베껴 숙제를 하는 친구들이 있어요. 그런데 인터넷에 있는 글이나 사진, 그림 같은 작품을 마치 자신의 것처럼 그대로 가져와 사용하는 것은 **저작권**을 침해하는 행동이에요. 다른 사람의 작품에는 그것을 만든 사람의 아이디어가 담겨 있기 때문에 우리는 저작권을 보호하기 위해 노력해야 해요. 저작권을 보호하기 위해 우리가 할 수 있는 일에는 무엇이 있을까요?

첫째, 인터넷에 있는 글을 그대로 베끼거나 약간 고쳐서 사용하지 않아야 해요. 둘째, 사진이나 동영상 파일 등을 **무단**으로 누리 소통망이나 온라인 단체 대화방에 올리지 않아야 해요. 셋째, 불법 사이트에서 음악이나 영화를 내려받지 말고 정당한 사용료를 내고 구입해요.

앞으로는 다른 사람이 고생해서 만든 결과물을 이용해야 하는 **상황**에서는 미리 저작권자에게 ㉠용서를 얻고, 반드시 자료를 어디에서 가져왔는지 ㉡이유를 밝히도록 해요.

◆ **침해하는:** 남의 땅이나 권리, 재산 등을 범하여 해를 끼치는.

◆ **무단:** 사전에 허락이 없음. 또는 아무 사유가 없음.

7 ㉠, ㉡을 문장에 알맞게 모두 바르게 고친 것을 찾아 ○표 하세요.

(1) ㉠ 용서 → 통보, ㉡ 이유 → 장소 (   )

(2) ㉠ 용서 → 동의, ㉡ 이유 → 출처 (   )

(3) ㉠ 용서 → 동의, ㉡ 이유 → 문제 (   )

8 저작권을 보호하기 위해 우리가 해야 할 일로 알맞은 것을 모두 고르세요. (,   )

① 불법 사이트에서 음악을 내려받지 않는다.

② 정당한 사용료를 내고 영화를 내려받는다.

③ 다른 사람이 쓴 글을 약간만 고쳐서 사용한다.

④ 단체 대화방에 동영상 파일을 무단으로 올린다.

⑤ 인터넷에 있는 사진을 그대로 가져와 누리 소통망에 올린다.

자료 활용과 관련된 말

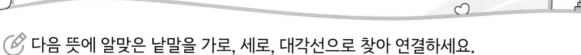

✎ 다음 뜻에 알맞은 낱말을 가로, 세로, 대각선으로 찾아 연결하세요.

적	절	하	다	체	온	계	영	상
선	구	양	료	계	도	산	황	당
주	제	효	과	적	영	기	손	하
동	실	감	나	다	제	시	하	다
의	도	인	쇄	간	작	공	색	비
기	표	사	장	권	하	인	출	처
대	중	편	집	하	다	구	구	단

1 일이 되어 가는 과정이나 형편.
2 무엇을 하고자 하는 생각이나 계획.
3 자료를 분석하여 그림으로 나타낸 표.
4 다른 사람의 행동을 허락하거나 인정함.
5 영화, 텔레비전 등의 화면에 나타나는 모습.
6 어떠한 것을 하여 좋은 결과가 드러나는 것.
7 재료를 가지고 새로운 물건이나 예술 작품을 만들다.
8 전체가 일정한 원리에 따라 단계적으로 잘 짜여진 것.
9 무엇을 하고자 하는 생각을 말이나 글로 나타내어 보이다.
10 여러 가지 재료를 모아 신문, 잡지, 책 등을 만들다. 또는 영화 필름, 녹음테이프, 문서 등을 하나의 작품으로 완성하다.

[1~2] 다음 밑줄 친 낱말의 뜻으로 알맞은 것을 찾아 ○표 하세요.

1

> 오늘은 수영을 배운 지 한 달째 되는 날이다. 수영 강사님께서 기초부터 차근차근 <u>체계적</u>으로 잘 가르쳐 주신 덕분에 지금은 자유형과 배영을 자신 있게 할 수 있다.

(1) 전체가 일정한 원리에 따라 단계적으로 잘 짜여진 것.　　　　　　(　　)

(2) 미리 준비하지 않고 그 자리에서 느낌이나 기분에 따라 하는 것.　(　　)

2

> 도서관에 있는 모든 책의 책등에는 숫자와 문자로 이루어진 청구 기호가 붙어 있다. 찾으려는 책 제목을 도서관 컴퓨터에 <u>검색하면</u> 청구 기호를 알 수 있다. 이것을 알아야 책을 찾을 수 있고 올바른 자리에 정리할 수 있다.

(1) 책이나 컴퓨터에서 필요한 자료를 찾아내면.　　　　　　　　　(　　)

(2) 취미나 연구를 위하여 여러 가지 물건이나 재료를 찾아 모으면.　(　　)

[3~4] 다음 관계의 두 낱말을 찾아 기호를 쓰세요.

3

> 채소나 과일을 ㉠<u>텃밭</u>에서 ㉡<u>소량</u>으로 키울 때와는 달리 ㉢<u>대량</u>으로 ㉣<u>재배할</u> 때에는 화학 비료나 농약을 많이 사용한다. 토마토나 포도같이 껍질째 먹는 채소나 과일은 물에 담갔다가 충분히 씻어서 먹는 것이 ㉤<u>안전하다</u>.

• 뜻이 반대인 낱말: ☐☐☐☐☐☐ ↔ ☐☐☐☐☐☐

4

> 지금부터 토론을 시작하겠습니다. 오늘의 ㉠<u>논제</u>는 '초등학생 화장해도 될까'입니다. 토론 ㉡<u>진행</u> 전에 몇 가지 ㉢<u>주의</u> 사항을 말씀드리겠습니다. 토론자들은 토론 ㉣<u>주제</u>와 관련 없는 이야기는 삼가 주시고, 상대편 토론자를 비꼬는 ㉤<u>말투</u>는 사용하지 말아 주십시오.

• 뜻이 비슷한 낱말: ☐☐☐☐☐ ━ ☐☐☐☐☐

[5~6] 다음 글의 　　　 에 들어갈 낱말을 찾아 ○표 하세요.

5

학예회에서 우리 반은 태권무를 선보이기로 했다. 태권무를 할 줄 아는 승준이가 친구들에게 동작을 가르쳐 주었다. 인터넷에서 관련 | 도표 | 인쇄 | 영상 | 을/를 보여 주면서 승준이가 율동 동작을 하나씩 설명해 주니까 더욱 생생하게 알 수 있었다. 친구들은 모두 신나서 율동을 따라 했다.

6

어린이 보호 구역 안에서의 사고가 잇따라 일어나고 있습니다. 서울 시내 어린이 보호 구역에서 최근 발생한 교통사고를 | 연출한 | 분석한 | 제작한 | 결과, 하교 시간인 오후 두 시에서 여섯 시 사이에 초등학교 주변에서 가장 많은 사고가 발생한 것으로 나타났습니다.

[7~8] 다음 글의 밑줄 친 낱말을 넣어 문장을 만들어 쓰세요.

아파트 복도에 사람들이 짐이나 자전거 등을 방치해 두어서 지나다니기가 어렵고, 보기에도 좋지 않았다. 그래서 복도에 둔 물건들을 치우자는 글을 써서 아파트 엘리베이터 안에 붙이려고 했다. 그런데 엄마께서 내 글을 보시더니
"글을 쓴 의도가 잘 드러나지 않는구나. 글을 좀 고치면 좋겠어."
하고 말씀하셨다. 옆에서 지켜보시던 아빠께서는
"아파트 엘리베이터 안에 글을 붙이려면 미리 관리 사무소의 동의를 얻어야 해."
라고 말씀해 주셨다. 부모님의 도움을 받아 글을 고치고, 내일 엄마와 함께 관리 사무소에 가기로 했다. 주민들이 내 글을 보고 꼭 복도의 물건들을 치워 주었으면 좋겠다.

7　**의도** : 무엇을 하고자 하는 생각이나 계획.

_____

8　**동의** : 다른 사람의 행동을 허락하거나 인정함.

_____

 한 걸음 더!

오늘의
나의 실력은?
최고야 좋았어 힘내자

1주 5일
정답 확인

○ '集'(집)이 들어간 낱말은 '모으다, 모이다'와 관련 있어요. '集'(집)이 들어간 낱말을 알아보아요.

집중
한 가지 일에
모든 힘을 쏟아부음.

모집
사람이나 작품, 물건 등을 일정한
조건에 맞게 널리 알려 뽑아 모음.

集
모을 집

채집
널리 찾아서 얻거나 캐거나
잡아 모으는 일.

밀집
빈틈없이
빽빽하게 모임.

 Q 다음 문장에 알맞은 낱말을 찾아 ○표 하세요.

(1) 우리 동네는 아파트 (밀집, 채집) 지역이라서 인구가 많다.

(2) 조용한 도서관에서 책을 읽으니 (모집, 집중)이 잘 되었다.

(3) 여름 방학 때 시골 할머니 댁에서 곤충 (밀집, 채집)을 하며 신나게 놀았다.

2주 1일 느낌이나 감정을 나타내는 말 ❶

✏️ 다음 낱말이 사용된 상황을 보고, 뜻에 맞는 낱말을 써넣어 사전을 완성하세요.

고된 하루 끝!
날씨가 우중충한 게
비가 오려나 ……

엄마,
이 꽃 어때요?

투박한
꽃병에 꽂아도 정말
예쁘구나!

방금 물을 줬니?
꽃잎이 촉촉하구나.
여기 평평한 곳에
두는 게 좋겠다.

바깥 날씨는 궂어도
잔잔한 바람에
꽃이 산들산들 흔들리는 게
정말 아름답구나.

어휘 사전

❶ ㄱ ㄷ ㄷ

: 하는 일이 괴롭고 힘들다.

비슷한말 고단하다, 힘겹다

❷ ㅇ ㅈ ㅊ 하다

: 날씨나 분위기가 어둡고 침침하다.

비슷한말 어두침침하다

❸ ㅈ ㅈ 하다

: 바람이나 물결이 심하지 않고 움직임이 거의 없다.

❹ ㅊ ㅊ 하다

: 물기가 있어 조금 젖은 듯하다.

❺ ㅌ ㅂ 하다

: 생김새가 볼품없이 둔하고 튼튼하기만 하다.

❻ ㅍ ㅍ (푸 평평할 평, 푸 평평할 평)하다

: 바닥이 고르고 판판하다.

비슷한말 평탄하다, 고르다, 판판하다

1 다음 낱말의 뜻에 맞게 ( )에 들어갈 알맞은 낱말을 찾아 선으로 이으세요.

어휘
확인

(1) 평평하다: 바닥이 고르고 (   ). •   • ㉮ 힘들다

(2) 고되다: 하는 일이 괴롭고 (   ). •   • ㉯ 침침하다

(3) 우중충하다: 날씨나 분위기가 어둡고 (   ). •   • ㉰ 판판하다

2 다음 밑줄 친 낱말의 뜻에 맞게 ( )에 들어갈 알맞은 낱말을 찾아 ○표 하세요.

어휘
확인

(1) 긴장을 해서 손바닥에 <u>촉촉하게</u> 땀이 배었다.

➡ 물기가 있어 조금 (젖은, 더러운) 듯하게.

(2) 추워서 옷을 잔뜩 껴입었더니 <u>투박해</u> 보이는구나.

➡ 생김새가 볼품없이 (날쌔고, 둔하고) 튼튼하기만 해.

3 다음 중 ( )에 '우중충하다'가 들어가기에 알맞은 문장을 찾아 기호를 쓰세요.

어휘
적용

㉠ 금방이라도 비가 쏟아질 것처럼 하늘이 (   ).
㉡ 꽃병에 꽃을 꽂아 놓으니 집 안 분위기가 한층 (   ).
㉢ 보고 싶었던 친구를 만나러 갈 생각에 벌써부터 마음이 (   ).

(   )

4 다음 빈칸에 들어갈 알맞은 낱말을 찾아 ✓표 하세요.

어휘
적용

(1) 파도가 [   ] 수영을 즐기기에 딱 좋았다.

☐ 잔잔하여
☐ 평평하여

(2) 도로가 [   ] 자동차가 흔들림 없이 잘 달렸다.

☐ 잔잔해서
☐ 평평해서

5 다음 밑줄 친 낱말과 뜻이 비슷한 낱말을 모두 고르세요. (,   )

어휘
확장

소방관이라는 직업은 <u>고된</u> 일이지만 존경받는 직업이다.

① 쉬운   ② 고단한   ③ 고요한
④ 소중한   ⑤ 힘겨운

관용 표현

6 다음 밑줄 친 한자 성어를 사용하기에 알맞은 친구에게 모두 ○표 하세요.

옛날 중국 원나라에 '도종의'라는 소년이 살았어요. 그의 집은 하루에 한 끼를 겨우 먹고 살 정도로 가난하였지요. **고된** 농사일과 집안일을 하면서도 틈틈이 공부를 했어요. 불을 지피고 남은 숯으로 나뭇잎을 종이 삼아 글쓰기를 멈추지 않았어요. 마침내 소년은 중국 역사상 길이 남을 훌륭한 문학가가 되었어요. '<u>고진감래</u>'는 쓴 것이 다하면 단 것이 온다는 뜻으로, 고생 끝에 즐거움이 옴을 이르는 말이에요.

(1) 수경: 에디슨은 여러 번 실패한 뒤에 백열전구를 발명했어.   (   )

(2) 민재: 힘든 훈련을 견뎌 낸 선수들은 드디어 금메달을 목에 걸었어.   (   )

(3) 태윤: 앞에서 달리던 두 선수가 서로 다투는 바람에 내가 1등을 했어.   (   )

독해로
어휘 마무리

오늘의
나의 실력은?

최고야 좋았어 함내자

2주 1일
정답 확인

[7~8] 다음 기행문을 읽고, 물음에 답하세요.

> 지난 토요일, 우리 가족은 경주로 향했다. **우중충했던** 전날과는 달리 날씨가 참 맑았다.
>
> 경주에 도착해서 우리가 처음으로 간 곳은 첨성대였다. 생김새가 유리병처럼 생겨서 **투박해** 보였는데, 동양에서 가장 오래된 천문대라는 아버지의 설명을 들으니 갑자기 아주 멋져 보였다.
>
> 그다음으로 우리는 세계 문화유산으로 지정된 불국사와 석굴암을 보러 갔다. 불국사로 들어가는 길은 바닥이 ㉠**평평해서** 걷기가 편했다. 불국사에서는 다보탑과 석가탑이 인상적이었다. 두 탑은 같은 돌인 화강암으로 만들었다고 책에서 읽은 적이 있는데, 모양이 전혀 달라서 신기했다.
>
> 아버지께 석가탑에 얽힌 전설을 들으며 석굴암이 있는 토함산으로 올라갔다. 석굴암에는 부처님 불상이 미소를 띠며 앉아 있었다. 신라 천 년의 역사를 간직한 불상은 신비로웠다.
>
> "우리 저녁은 언제 먹어요?"
>
> **고된** 여행 일정으로 지친 동생이 한마디 했다.
>
> 우리는 저녁을 먹으며 경주 여행 첫날을 즐겁게 마무리했다.
>
> ✦**신비로웠다:** 보통의 생각으로는 이해할 수 없을 정도로 놀랍고 신기한 느낌이 있었다.

7 이 글에 대한 설명으로 알맞은 것은 무엇인가요? (   )

① 경주를 여행하기 전에 쓴 글이다.

② 경주에 대한 책을 읽고 쓴 글이다.

③ 글쓴이의 생각이나 느낌이 나타나 있지 않다.

④ 글쓴이가 다른 사람에게 들은 일이 나타나 있다.

⑤ 신라를 배경으로 있음 직한 일을 꾸며 쓴 글이다.

8 ㉠'평평해서'와 뜻이 비슷한 낱말을 모두 고르세요. (,   )

① 기울어서   ② 판판해서   ③ 평범해서

④ 평탄해서   ⑤ 푹신푹신해서

느낌이나 감정을 나타내는 말 ②

✏️ 다음 낱말의 뜻을 보고, 낱말을 알맞게 사용한 친구에게 ○표 하세요.

더부룩하다

소화가 잘되지 않아 배 속이 편하지 않다.
㉲ 음식을 많이 먹었더니 속이 <u>더부룩하다</u>.

따끈하다

꽤 따뜻하고 더운 느낌이 있다.
비슷한말 따뜻하다
반대말 차다
㉲ 햇빛이 <u>따끈해서</u> 자꾸만 땀이 났다.

싱싱하다

시들거나 상하지 않고 생기가 있다.
비슷한말 신선하다
㉲ 샌드위치에 <u>싱싱한</u> 양상추를 넣었더니 맛이 더 좋았다.

저리다

뼈마디나 몸의 일부가 오래 눌려서 피가 잘 통하지 않아 감각이 둔하고 아리다.
㉲ 오랫동안 같은 자세로 앉았더니 다리가 <u>저리다</u>.

푸근하다

느낌이나 분위기가 부드럽고 따뜻하여 편안하다.
비슷한말 편안하다
㉲ 교장 선생님께서는 우리에게 항상 <u>푸근한</u> 미소를 지어 주신다.

환하다

빛이 비치어 맑고 밝다.
비슷한말 밝다
㉲ <u>환한</u> 빛이 방 안으로 쏟아져 들어왔다.

얼음을 넣은 주스를 마시니 정말 <u>따끈해</u>.

 ( )

과일이 싱싱해서 도저히 먹을 수가 없어.

 ( )

무거운 가방을 오래 들었더니 팔이 <u>저려</u>.

 ( )

1 다음 낱말의 뜻에 맞게 (   )에 들어갈 알맞은 낱말을 찾아 ○표 하세요.

어휘
확인

(1) **환하다** ➡ 빛이 비치어 맑고 (밝다, 흐리다).

(2) **따끈하다** ➡ 꽤 (따갑고, 따뜻하고) 더운 느낌이 있다.

2 다음 뜻풀이에 알맞은 낱말을 보기 에서 찾아 기호를 쓰세요.

어휘
확인

┌─────────────── 보기 ───────────────┐
│   ㉠ 저리다   ㉡ 싱싱하다   ㉢ 더부룩하다   │
└─────────────────────────────────┘

(1) 시들거나 상하지 않고 생기가 있다.   (   )
(2) 소화가 잘되지 않아 배 속이 편하지 않다.   (   )
(3) 뼈마디나 몸의 일부가 오래 눌려서 피가 잘 통하지 않아 감각이 둔하고 아리다.
                                                (   )

3 다음 중 밑줄 친 낱말을 알맞게 사용한 친구에게 ○표 하세요.

어휘
적용

우리 집 거실은 햇빛이 잘
들어서 아주 <u>환해</u>.

소화제를 먹었더니
체했던 속이 <u>더부룩해</u>졌어.

우유를 <u>따끈하게</u> 식혀
먹었더니 너무 차가웠어.

 (   )

 (   )

 (   )

4 다음 문장의 밑줄 친 부분과 뜻이 통하는 낱말을 찾아 ○표 하세요.

(1) 수박을 살 때에는 수박 꼭지가 <u>시들지 않은</u> 것을 고르는 것이 좋다.

> 싱싱한
> 끊어진

(2) 치과 선생님 인상이 <u>부드럽고 따뜻하여 편안해서</u> 병원에 가는 것이 덜 무서웠다.

> 뻣뻣해서
> 푸근해서

5 다음 문장에서 밑줄 친 낱말과 뜻이 비슷한 낱말을 찾아 쓰세요.

어제 날이 정말 추웠는데 따뜻한 아랫목에 앉아서 <u>따끈한</u> 호빵을 먹으니 기분이 좋았어.

(   )

6 다음 글을 읽고, 밑줄 친 속담을 바르게 사용한 문장에 모두 ○표 하세요.

살이나 뼈마디가 오래 눌려 있으면 피가 잘 통하지 않아 감각이 둔해지고 움직이기 힘든 상태가 된다. 이럴 때 '**저리다**'라는 말을 사용한다. '도둑이 제 발 저리다'라는 속담은 도둑이 자기가 한 행동이 들킬까 봐 조마조마함을 비유적으로 이르는 말이다.

(1) 도둑이 제 발 저린다고, 너 왜 얼굴이 빨개지고 말까지 더듬어?   (   )

(2) 도둑이 제 발 저린다더니 경찰을 보자 그 남자는 도망가 버렸어.   (   )

(3) 도둑이 제 발 저린다더니 갑자기 수영 좀 잘하게 됐다고 잘난 척하기는.   (   )

독해로
어휘 마무리

오늘의
나의 실력은?

최고야

좋았어

함내자

2주 2일
정답 확인

[7~8] 다음 생활문을 읽고, 물음에 답하세요.

"윤후야, 할머니랑 시장에 같이 가지 않을래?"

나는 할머니를 따라 시장 구경하는 것을 좋아한다. 시장에는 마트에서 볼 수 없는 특이한 물건들과 맛있는 음식이 많기 때문이다.

생선 가게에는 여러 가지 ㉠**싱싱한** 생선이 많았다. 그중에서 기다란 갈치가 눈에 띄었다.

"할머니, 갈치가 엄청 커요!"

"그래, 크고 신선해 보이는구나. 갈치 한 마리 사자꾸나."

생선 가게에서 나오자마자 할머니께서는 나를 데리고 국숫집으로 들어가셨다. 할머니께서 잔치국수 두 그릇을 주문하셨다. 주문한 잔치국수가 나왔는데, 양이 정말 푸짐했다. 국숫집 아저씨의 **푸근한** 마음이 느껴졌다. 국물도 **따끈하고** 면도 쫄깃쫄깃해서 너무 맛있었다.

"윤후야, 할머니는 요즘 사람이 아니라서 그런지 시장이 좋단다. 싸고 맛있는 음식도 많고, 사람들 인심◆도 좋고, 바쁜 우리 손자랑 같이 시장 구경도 할 수 있어서 얼마나 행복한지 몰라."

"할머니, 저도 그래요."

◆ **인심:** 사람의 마음.

7 ㉠'싱싱한'과 바꾸어 써도 뜻이 통하는 낱말은 무엇인가요? (   )

① 따끈한   ② 신선한   ③ 쫄깃한

④ 푸근한   ⑤ 푸짐한

8 윤후가 할머니와 함께 시장에서 겪은 일을 모두 고르세요. (,   )

① 잔치국수를 사 먹었다.

② 생선 가게에서 갈치를 샀다.

③ 할머니를 잃어버렸다가 찾았다.

④ 할머니께서 생선 가격을 깎으셨다.

⑤ 국숫집 아저씨가 국수를 엎질렀다.

2주 3일 느낌이나 감정을 나타내는 말 ❸

✏️ 다음 낱말이 사용된 상황을 보고, 초성에 알맞은 낱말을 써넣어 짧은 글을 완성하세요.

오늘의 어휘

- **감격**(感 느낄 감, 激 과격할 격)**하다:** 마음에 깊이 느끼어 크게 감동하다.
  비슷한말 감동하다
- **애틋하다:** 그리워서 마음이 슬프고 아프다.
- **울적**(鬱 답답할 울, 寂 고요할 적)**하다:** 마음이 답답하고 쓸쓸하다.
  비슷한말 서글프다, 답답하다, 쓸쓸하다
- **주저**(躊 머뭇거릴 주, 躇 머뭇거릴 저)**하다:** 머뭇거리며 망설이다.
  비슷한말 망설이다, 머뭇거리다
- **훈훈**(薰 향초 훈, 薰 향초 훈)**하다:** 마음을 부드럽게 녹여 주는 따뜻함이 있다. 비슷한말 따뜻하다
- **흡족**(洽 흡족할 흡, 足 발 족)**하다:** 조금도 모자람이 없을 정도로 넉넉하여 만족하다. 비슷한말 만족하다

📝 **짧은 글짓기**

❶ 친한 친구가 전학을 가서 마음이 ㅇ ㅈ 했습니다.

❷ 징검다리를 건너는 것이 무서워서 ㅈ ㅈ 했습니다.

❸ 어머니께서는 깨끗하게 치운 내 방을 보시고 ㅎ ㅈ 해 하셨습니다.

1 다음 낱말의 뜻으로 알맞은 것을 찾아 ○표 하세요.

어휘
확인

(1) 울적하다
　　㉠ 마음이 답답하고 쓸쓸하다.　　　　　　　(　　　)
　　㉡ 그리워서 마음이 슬프고 아프다.　　　　(　　　)

(2) 훈훈하다
　　㉠ 마음을 부드럽게 녹여 주는 따뜻함이 있다.　　(　　　)
　　㉡ 사람의 성격이나 태도가 다정하지 않고 차갑다.　(　　　)

2 다음 뜻에 알맞은 낱말이 완성되도록 빈칸에 들어갈 글자를 글자판에서 찾아 쓰세요.

어휘
확인

| 흡 | 감 | 주 | 격 | 저 | 족 |

(1) 머뭇거리며 망설이다. ➡ □□ 하다

(2) 마음에 깊이 느끼어 크게 감동하다. ➡ □□ 하다

(3) 조금도 모자람이 없을 정도로 넉넉하여 만족하다. ➡ □□ 하다

3 다음 밑줄 친 낱말을 알맞게 사용하였으면 🍌 에 ○표, 알맞지 않으면 🍌 에 ○표 하세요.

어휘
적용

(1) 윤지는 발표를 할까 말까 한참을 <u>감격하다가</u> 손을 들었다.　　🍌 , 🍌

(2) 농부는 탐스럽게 열린 포도송이를 <u>흡족한</u> 표정으로 바라보았다.　🍌 , 🍌

4 다음 밑줄 친 낱말을 알맞게 사용하여 말한 친구의 이름을 모두 쓰세요.

어휘
적용

> 우림: 금메달을 목에 건 선수는 <u>감격해서</u> 말을 잇지 못했어.
> 예진: 엄마가 무사히 퇴원을 하게 돼서 <u>울적한</u> 마음이 들었어.
> 규헌: 할아버지는 북에 두고 온 가족을 <u>애틋하게</u> 그리며 사셨어.

(,   )

5 다음 낱말과 뜻이 비슷한 낱말을 보기에서 찾아 기호를 쓰세요.

어휘
확장

보기

> ㉠ 따뜻하다   ㉡ 망설이다   ㉢ 만족하다   ㉣ 쓸쓸하다

(1) 울적하다 – (   )   (2) 주저하다 – (   )

(3) 훈훈하다 – (   )   (4) 흡족하다 – (   )

관용 표현

6 다음 글의 빈칸에 들어갈 관용어로 알맞은 것을 찾아 ○표 하세요.

> ○○시 마을 버스 기사가 갑자기 쓰러진 시민을 발견하고 심폐 소생술을 실시해 생명을 구한 일이 뒤늦게 알려져 **훈훈한** 감동을 주고 있다.
> 도로에서 자전거를 타고 가던 한 시민이 버스 앞에서 갑자기 쓰러지자 버스 기사는 버스를 세우고 심폐 소생술에 나섰다. 버스에 타고 있던 한 승객은 "이런 감동적인 모습을 가까이서 지켜 보니 [   ]."고 말했다.

(1) 배가 아팠다: 남이 잘되어 심술이 났다.   (   )

(2) 코가 납작해졌다: 몹시 무안을 당하거나 기가 죽었다.   (   )

(3) 콧등이 시큰했다: 어떤 일에 감격하거나 슬퍼서 눈물이 나오려 했다.   (   )

 독해로 어휘 마무리

오늘의
나의 실력은?

최고야 좋았어 힘내자

2주 3일
정답 확인

[7~8] 다음 뮤지컬 감상문을 읽고, 물음에 답하세요.

「심청전」이라는 뮤지컬을 보았다. 제목을 보고 예전에 책으로 「심청전」을 읽은 것이 생각났다. 뮤지컬로 만든 「심청전」은 과연 어떤 감동을 줄지 너무 기대되었다.

뮤지컬은 첫 장면부터 감동적이었다. 심 봉사는 아내를 잃고 갓난아기인 딸 심청에게 먹일 젖을 얻으러 다닌다. 갓난아기가 있는 마을 아낙들은 심청에게 젖을 먹여 주었다. 심 봉사는 마을 아낙들의 **훈훈한** 마음에 **감격했다.** 이 장면에서 부모님 생각이 많이 났다. '우리 부모님도 이런 사랑으로 나를 키우시겠구나.' 하는 생각이 들었다.

나는 이 뮤지컬에서 심청이 눈먼 아버지의 눈을 뜨게 하려고 바다에 몸을 던진 장면이 가장 인상 깊었다. 뱃사람들이 바다에 빠진 심청을 보며 눈물을 흘릴 때 나도 따라 울었다. 심 봉사가 심청을 **애틋하게** 그리워하다가 마지막에 심청을 다시 만나 눈을 뜨게 됐을 때는 감격스러워서 또 눈물이 났다.

아버지께 효도하는 심청의 모습을 보며 심청처럼은 할 수 없겠지만 나도 부모님께 감사하고 효도하며 살아야겠다고 다짐했다.

♦ **아낙:** 남의 집 여자 어른을 낮추어 이르는 말.

7 뮤지컬의 내용을 **잘못** 말한 친구를 모두 고르세요. (,   )

① 윤아: 심 봉사는 끝내 눈을 뜨지 못했어.
② 주승: 심청은 갓난아기 때 어머니를 잃었어.
③ 성동: 심청은 마을 아낙들의 젖을 먹고 자랐어.
④ 현우: 심 봉사는 심청을 전혀 그리워하지 않았어.
⑤ 정서: 심청은 눈먼 아버지의 눈을 뜨게 하려고 했어.

8 다음 밑줄 친 낱말과 뜻이 비슷한 낱말을 이 글에서 찾아 쓰세요.

색종이로 만든 카네이션을 가슴에 달아 드렸더니 어머니께서 크게 <u>감동했다.</u>

(   )

느낌이나 감정을 나타내는 말 ④

✏️ 다음 낱말의 뜻을 보고, 초성에 알맞은 말을 써넣으세요.

오늘의 어휘

• **불행**(不 아닐 불, 幸 다행 행)**하다:** 행복하지 않다.　반대말　행복하다

• **산뜻하다:** 기분이나 느낌이 깨끗하고 상쾌하다.　비슷한말　가볍다, 깨끗하다, 상쾌하다

• **야속**(野 들 야, 俗 풍속 속)**하다:** 인정이 없게 굴어 언짢고 섭섭하다.　비슷한말　서운하다, 섭섭하다

• **태평**(太 클 태, 平 평평할 평)**하다:** 아무 근심 없이 아주 편안하다.

• **평화**(平 평평할 평, 和 화목할 화)**롭다:** 걱정이나 탈이 없이 조용하고 화목한 듯하다.

• **후련하다:** 마음에 답답하게 맺혔던 것이 풀려 시원하다.　비슷한말　시원하다

1 다음 낱말의 뜻을 [보기]에서 찾아 기호를 쓰세요.

어휘
확인

보기

ㄱ 행복하지 않다.
ㄴ 기분이나 느낌이 깨끗하고 상쾌하다.
ㄷ 걱정이나 탈이 없이 조용하고 화목한 듯하다.
ㄹ 마음에 답답하게 맺혔던 것이 풀려 시원하다.

(1) 불행하다 (   )   (2) 산뜻하다 (   )
(3) 평화롭다 (   )   (4) 후련하다 (   )

2 다음 뜻풀이에 알맞은 낱말을 [보기]에서 찾아 쓰세요.

어휘
확인

보기

섭섭하다, 주저하다, 편안하다

(1) 태평하다: 아무 근심 없이 아주 (   ).
(2) 야속하다: 인정이 없게 굴어 언짢고 (   ).

3 다음 대화를 읽고, 빈칸에 들어갈 말로 알맞은 것을 찾아 ○표 하세요.

어휘
적용

엄마: 형호야, 아까 아빠가 말씀하시는데 왜 아무 말도 안 했어?
형호: 아빠가 제 말을 듣지도 않으시고 지호 편만 들잖아요. 제 마음을 몰라 주시는 아빠가 [   ].
엄마: 많이 속상했겠구나. 아빠한테 하고 싶은 말을 편지로 써서 드리면 어떨까?

| 야속해요 | 태평해요 | 편안해요 | 후련해요 |

4 다음 글을 읽고, 인물들의 느낌이나 감정에 어울리는 낱말을 찾아 ○표 하세요.

어휘
적용

(1) 우영이는 땀 흘리며 운동을 한 뒤 샤워를 하고 기분이 상쾌해졌다.

산뜻하다

서운하다

(2) 할머니는 마루 위에서 낮잠을 자는 손자의 얼굴을 한참 동안 행복한 표정으로 바라보신다.

불행하다

평화롭다

5 다음 글에서 밑줄 친 낱말과 뜻이 반대인 낱말을 찾아 쓰세요.

어휘
확장

미국의 16대 대통령으로 당선된 링컨은 흑인들을 노예 제도로부터 해방시키는 큰일을 해냈다. 이로써 흑인 노예들은 <u>불행한</u> 삶에서 한 줄기 빛을 찾고, 행복한 삶을 향해 나아가게 되었다.

불행한 ↔ ( )

관용 표현

6 다음 글의 상황에 어울리는 속담을 모두 찾아 ○표 하세요.

오늘은 중학교에 다니는 오빠의 중간고사 마지막 날이다. 오빠는 집에 들어오자마자 환호성을 질렀다.
"드디어 시험 끝이다!"
"오빠, 기분이 그렇게 좋아?"
"당연하지. 속이 다 **후련하다**. 너도 중학생이 되면 알 거야."

(1) 앓던 이 빠진 것 같다: 걱정거리가 없어져서 시원함을 빗대어 이르는 말.　( )

(2) 빈 수레가 요란하다: 실력이나 재물 등 가진 것이 없는 사람이 겉으로 더 떠들어 댐을 빗대어 이르는 말.　( )

(3) 십 년 묵은 체증이 내리다: 어떤 일로 인하여 더 말할 것도 없이 속이 시원해진 경우를 빗대어 이르는 말.　( )

 독해로 어휘 마무리

오늘의
나의 실력은?

 최고야　 좋았어　함내자

2주 4일
정답 확인

[7~8] 다음 설명하는 글을 읽고, 물음에 답하세요.

　우리는 슬픈 일이 있거나 기쁜 일이 있을 때 음악을 듣습니다. 음악이 슬픔을 달래 주기도 하고 기쁨을 북돋워 주기 때문에 우리는 늘 음악과 함께 생활합니다. 음악이 주는 힘을 좀 더 자세히 알아볼까요?

　음악은 사람의 마음을 편안하게 해 줍니다. 숲속에서 새소리, 물소리 같은 자연의 소리를 들으면 마음이 편안해지듯이 부드러운 음악을 들으면 우리의 마음도 차분해집니다. 어렸을 때 자장가를 들으면 왜 마음이 편안해지면서 잠이 솔솔 잘 왔는지 이제 알겠지요?

　음악은 사람의 기분을 좋아지게 합니다. 좋아하는 음악을 들으면 우리의 뇌에서 즐거움과 ✦보상을 담당하는 도파민이라는 물질이 만들어진다고 합니다. 온갖 소리 나는 것들을 두드려서 악기가 되게 하는 '난타' 음악은 답답했던 속을 **후련하게** 해 줍니다. 이 밖에도 왈츠 같은 음악은 기분을 **산뜻하게** 해 주고, 크리스마스 캐럴 같은 음악은 **평화로운** 느낌을 주지요.

　앞으로 상황에 맞게 음악을 잘 골라서 들어 보세요. 음악은 항상 여러분들의 좋은 친구가 되어 줄 거예요.

　✦ **보상:** 어떤 일을 한 대가로 얻는 이득.

7 이 글에서 설명하는 음악이 주는 힘이 <u>아닌</u> 것은 무엇인가요? (　　　　　)

① 평화로운 느낌을 준다.
② 사람의 기분을 좋아지게 한다.
③ 사람과의 관계를 멀어지게 한다.
④ 사람의 마음을 편안하게 해 준다.
⑤ 사람의 기분을 산뜻하게 해 준다.

8 이 글에 나오는 낱말 중에서 밑줄 친 부분과 뜻이 통하는 낱말을 찾아 ◯표 하세요.

　　　선생님에게 속마음을 털어놓으면 <u>답답했던 것이 풀려 시원하게</u> 될 거야.

(편안하게, 후련하게, 산뜻해지게)

느낌이나 감정을 나타내는 말

2주 5일 복습

✏️ 다음 뜻풀이를 보고, 십자말풀이를 완성하세요.

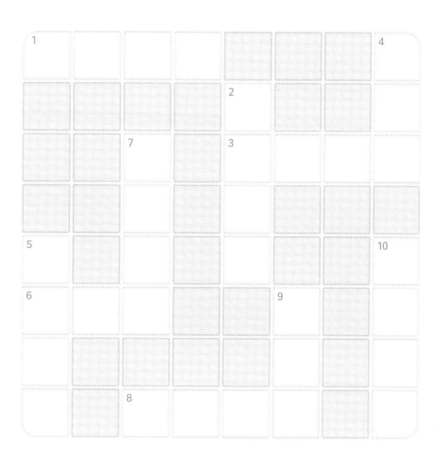

➡️ **가로**

1 행복하지 않다.

3 걱정이나 탈이 없이 조용하고 화목한 듯하다.

6 뼈마디나 몸의 일부가 오래 눌려서 피가 잘 통하지 않아 감각이 둔하고 아리다.

8 바람이나 물결이 심하지 않고 움직임이 거의 없다.

⬇️ **세로**

2 아무 근심 없이 아주 편안하다.

4 빛이 비치어 맑고 밝다.

5 머뭇거리며 망설이다.

7 시들거나 상하지 않고 생기가 있다.

9 하는 일이 괴롭고 힘들다.

10 마음이 답답하고 쓸쓸하다.

[1~2] 다음 밑줄 친 낱말과 뜻이 비슷한 낱말을 완성하여 쓰세요.

1

주말 동안 전국 대부분 지역에 비가 내리는 <u>우중충한</u> 날씨가 이어질 것으로 예보됐습니다. 다음 주 초에는 전국적으로 맑은 날씨를 보이겠지만 기온은 다소 낮아질 것으로 예상됩니다.

우중충하다 ― ㅇ ㄷ ㅊ ㅊ 하다

2

시장님, 저는 ○○동 △△아파트에 사는 박재혁이라는 학생입니다.
저희 아파트 뒷골목이 어두워서 길을 다닐 때 위험합니다. 가로등이 있기는 하지만 불빛이 너무 약합니다. <u>환한</u> 조명으로 바꾸어 주셨으면 좋겠습니다.

환하다 ― ㅂ ㄷ

[3~4] 다음 밑줄 친 낱말과 뜻이 반대되는 낱말을 찾아 ○표 하세요.

3

'온돌'은 방바닥을 데워 방 안 전체를 <u>따끈하게</u> 덥히는 우리나라의 전통 난방 시설을 말한다. 온돌의 방바닥은 돌로 만들어졌기 때문에 천천히 데워지고 천천히 식어 방바닥이 오랫동안 따뜻하다.

| 덥게 | 차게 | 얼게 | 촉촉하게 |

4

'전화위복'이라는 한자 성어는 화가 바뀌어 복이 된다는 뜻으로, <u>불행하고</u> 나쁜 일이 바뀌어 오히려 좋은 일이 된 상황을 이르는 말이에요. 안 좋은 일이 일어났을 때 포기하지 말고 그 상황에서 최선을 다하면 더 나은 방향으로 일이 풀릴 수 있어요.

| 넉넉하고 | 답답하고 | 만족하고 | 행복하고 |

[5~6] 다음 글의 빈칸에 들어갈 알맞은 낱말을 찾아 ✓표 하세요.

5

　　세종 대왕은 나라가 평안하기 위해서는 백성이 평안해야 한다고 생각했어요. 억울한 백성이 없고 ☐☐☐☐ 세상은 세종 대왕이 꿈꾸는 조선의 모습이었어요. 그래서 백성들이 쉽게 읽고 쓸 수 있는 문자, 훈민정음을 만들었어요.

① 복잡한　　　　　② 신기한　　　　　③ 태평한
④ 무질서한　　　　⑤ 재미있는

6

　　오늘은 엄마와 함께 우리 아파트에서 토요일마다 열리는 알뜰 장터에 다녀왔다.
　　우리는 참외, 오이, 가지를 한 보따리 샀다. 채소를 파는 아저씨께서 오이 한 개를 덤으로 더 주셨다. ☐☐☐☐ 정이 넘쳐 나서 꼭 시장에 온 기분이 들었다.
　　과일과 채소도 싱싱하고 먹을거리도 많이 팔았다.
　　"상준아, 우리 떡볶이와 어묵 먹고 갈까?"
　　"와! 좋아요."

① 섭섭한　　　　　② 울적한　　　　　③ 촉촉한
④ 후련한　　　　　⑤ 훈훈한

7　다음 글에서 설명하는 중심 내용은 무엇인가요? (　　　　　)

　　기온이 높고 습한 여름철에는 식중독에 걸릴 위험이 높다. '식중독'은 상한 음식을 먹어서 생기는 질병이다. 식중독에 걸리면 구토나 설사, 복통 등의 증상이 나타난다. 여름철 식중독 예방 수칙을 알아보자.
　　첫째, 손을 잘 씻는다. 수시로 손을 씻고 손으로 얼굴을 만지거나 손을 입으로 가져다 대는 행동은 하지 않도록 한다. 둘째, 음식은 충분히 익혀 먹는다. 특히 육류는 75도 정도, 어패류는 85도에서 1분 이상 익히는 것이 좋다. 셋째, 과일이나 채소는 흐르는 물에 깨끗이 씻어서 먹는다. 싱싱하지 않은 해산물이나 덜 익은 고기를 섭취했을 때뿐만 아니라 제대로 씻지 않은 과일이나 채소를 먹었을 때에도 식중독에 걸리기 쉽다.
　　식중독에 걸리지 않도록 식중독 예방 수칙을 잘 지키자.

① 손 씻는 방법　　　　　　　　② 식중독의 종류
③ 채식의 중요성　　　　　　　　④ 여름철 식중독 예방 수칙
⑤ 식중독에 걸렸을 때 응급 처치 방법

한 걸음 더!

오늘의
나의 실력은?
최고야   좋았어   힘내자

2주 5일
정답확인

○ '和'(화)가 들어간 낱말은 '화목하다, 온화하다'와 관련 있어요. '和'(화)가 들어간 낱말을 알아
보아요.

화목
서로 뜻이 맞고 정다움.

화해
싸움하던 것을 멈추고 서로 가지고 있던
안 좋은 마음을 풀어 없앰.

和
화할 화

온화하다
성격이나 태도가
온순하고 부드럽다.

화합
사이좋게 어울림.

Q 다음 문장에 알맞은 낱말을 찾아 ○표 하세요.

(1) 예지는 성격이 (온화, 화합)해서 화를 잘 내지 않는다.

(2) 우리 집은 가족의 (화목, 화해)을/를 위해서 대화를 많이 나눈다.

(3) 정호가 민선이에게 미안하다고 (화목, 화해)을/를 청해서 싸움이 끝이 났다.

우리 생활 환경과 관련된 말 ❶

✏️ 다음 낱말이 사용된 상황을 보고, 뜻에 맞는 낱말을 써넣어 사전을 완성하세요.

어휘 사전

❶ [ㅅ] [ㅁ] (生 날 생, 物 만물 물)
: 생명이 있는 동물과 식물.
반대말 무생물

❷ [ㅇ] [ㅎ] (影 그림자 영, 響 소리 울릴 향)
: 어떤 것의 효과나 작용이 다른 것에 미치는 것.

❸ [ㅇ] [ㅅ] (要 중요할 요, 素 본디 소)
: 무엇을 이루는 데 반드시 있어야 할 중요한 성분이나 조건.

❹ [ㅇ] [ㄱ] (人 사람 인, 工 장인 공)
: 자연적인 것이 아니라 사람의 힘으로 만들어 낸 것.
비슷한말 인위 반대말 자연, 천연

❺ [ㅈ] [ㅇ] [ㅎ] [ㄱ]
(自 스스로 자, 然 그럴 연, 環 고리 환, 境 지경 경)
: 산, 강, 바다, 동물, 식물, 비 등과 같은 자연의 조건이나 상태.

❻ [ㅎ] [ㄱ] (環 고리 환, 境 지경 경)
: 사람과 생물에게 두루 영향을 끼치는 자연이나 사회의 조건이나 상태.

1 다음 낱말의 뜻풀이에 들어갈 알맞은 낱말을 보기 에서 찾아 쓰세요.

어휘
확인

> 보기
>
> 사람, 성분, 영향

(1) 인공: 자연적인 것이 아니라 (   )의 힘으로 만들어 낸 것.

(2) 요소: 무엇을 이루는 데 반드시 있어야 할 중요한 (   )이나 조건.

(3) 환경: 사람과 생물에게 두루 (   )을 끼치는 자연이나 사회의 조건이
나 상태.

2 다음 뜻에 알맞은 낱말이 완성되도록 빈칸에 들어갈 글자를 글자판에서 찾아 쓰세요.

어휘
확인

환 생 연 자 물 경 인 공

(1) 생명이 있는 동물과 식물. ➡ ☐☐

(2) 산, 강, 바다, 동물, 식물, 비 등과 같은 자연의 조건이나 상태. ➡ ☐☐☐☐

3 다음 중 밑줄 친 낱말을 잘못 사용한 친구의 이름을 쓰세요.

어휘
적용

현진: 태풍의 영향으로 하루 종일 비가 내린대.

재영: 물은 인간의 생명을 유지하는 데에 아주 중요한 요소야.

연승: 옷, 음식, 건축물 등 사람의 노력에 의해 이루어진 것이 자연환경이구나.

(   )

4 다음 문장의 밑줄 친 부분과 뜻이 통하는 낱말을 찾아 ○표 하세요.

어휘
적용

(1)　　　　　　인물, 사건, 배경은 이야기를 이루는 <u>중요한 조건</u>이다.

　　　　　　　　　　　　　　　　　　　　　　　　(요소, 요청)

(2)　　　공원에 들어서자마자 가장 먼저 눈에 띈 것은 <u>사람의 힘으로 만든</u> 폭포였다.

　　　　　　　　　　　　　　　　　　　　　　　　(인공, 천연)

5 다음 낱말과 뜻이 반대인 낱말을 쓰세요.

어휘
확장

(1)　　무생물: 생명이 없는 물건.
　　　↔ (　　　　　　　　　)

(2)　　자연: 사람의 손이 가지 않아도 저절로 생겨난 것.
　　　↔ (　　　　　　　　　)

관용 표현

6 다음 글의 내용에 어울리는 한자 성어를 찾아 ○표 하세요.

　　생물들은 각 서식지의 **환경**에서 살아남기에 유리한 특징을 지니고 있어요. 사막에 사는 선인장은 굵은 줄기에 물을 저장하고 잎은 물이 증발되는 것을 막기 위해 뾰족한 가시로 변했어요. 사막에 사는 여우는 귀로 열을 내보내기 위해 귀가 아주 커요.

(1) 자업자득(自業自得): 자기가 저지른 일의 결과를 자기가 받음.　　　　　　(　　　)

(2) 약육강식(弱肉强食): 강한 것은 약한 것을 잡아먹고, 약한 것은 강한 것에게 먹히는 것.
　　　　　　　　　　　　　　　　　　　　　　　　　　　　　　　　(　　　)

(3) 적자생존(適者生存): 환경에 적응하는 생물만이 살아남고, 그렇지 못한 것은 줄어들어
　　없어지는 현상.　　　　　　　　　　　　　　　　　　　　　　　　(　　　)

독해로
어휘 마무리

오늘의
나의 실력은?   최고야 좋았어 힘내자

3주 1일
정답 확인

[7~8] 다음 기사문을 읽고, 물음에 답하세요.

| ○○ 어린이 신문 | 20○○년 5월 23일 금요일

"동물원이 달라지고 있다"
미래 초등학교 학생들 ○○ 동물원 방문

지난 20일, 미래 초등학교 4학년 학생들이 ○○ 동물원을 방문했다. 학생들은 이지은 동물원 큐레이터를 만나 오늘날 동물원의 역할이 어떻게 달라지고 있는지 직접 듣는 시간을 가졌다. 학생들은 "예전에 보았던 동물원의 **환경**과 많이 다른 것 같아요.", "요즘 동물원이 어떤 일을 하는지 알고 싶어요."라고 동물원을 방문한 까닭을 말했다.

이지은 큐레이터는 "오늘날 동물원은 단순히 동물을 전시하는 곳에서 더 나아가 환경 파괴로 인해 멸종될 위기에 처한 동물을 보전하고 번식시켜서 다시 자연으로 돌려보내는 역할까지 하고 있다."라고 말했다. ○○ 동물원은 동물들이 야생성을 잃지 않도록 동물들이 지내는 공간을 최대한 (㉠)처럼 꾸며 놓았다. 이날 동물원을 방문한 서재혁 학생은 "동물원의 긍정적인 **영향**에 대해 알 수 있어서 좋았다."라고 말했다.

- 박태윤 기자

✦ **큐레이터:** 미술관이나 박물관에서 전시하는 작품을 모으고 관리하고 안내하는 사람.

✦ **야생성:** 산이나 들에서 저절로 나서 자라는 과정에서 생긴 강한 성질.

7 이 신문 기사에서 전하는 중심 내용은 무엇인가요? (   )

① 동물원 관람 시 주의 사항   ② 동물원 사육사의 하루 일과

③ 오늘날 달라진 동물원의 역할   ④ 동물원과 관련된 직업의 종류

⑤ 동물원에서 멸종 위기 동물을 번식시키는 방법

8 ㉠에 들어갈 알맞은 낱말을 찾아 ○표 하세요.

자연환경   도시 환경   실내 환경   인공 환경

우리 생활 환경과 관련된 말 ❷

✏️ 다음 낱말이 사용된 상황을 보고, 초성에 알맞은 낱말을 써넣어 짧은 글을 완성하세요.

오늘의 어휘

- **민감**(敏 민첩할 민, 感 느낄 감)**하다:** 자극에 빠르게 반응을 보이거나 쉽게 영향을 받는 데가 있다.

  비슷한말 예민하다 반대말 둔하다

- **밀접**(密 빽빽할 밀, 接 접할 접)**하다:** 아주 가깝게 맞닿아 있다. 또는 그런 관계에 있다.

  비슷한말 가깝다, 긴밀하다, 친밀하다

- **유발**(誘 꾈 유, 發 필 발)**하다:** 어떤 것이 다른 일을 일어나게 하다.

  비슷한말 일으키다

- **정화**(淨 깨끗할 정, 化 될 화)**하다:** 더러운 것을 깨끗하게 하다.

- **쾌적**(快 쾌할 쾌, 適 맞을 적)**하다:** 기분이 상쾌하고 즐겁다.

  비슷한말 상쾌하다 반대말 불쾌하다

- **특성**(特 특별할 특, 性 성품 성): 어떤 것에만 있는 특별한 성질.

  비슷한말 성질

📝 짧은 글짓기

① 나와 친구 종민이의 사이는 아주 ⬜ㅁ ⬜ㅈ 합니다.

② 지나친 플라스틱 사용은 환경 오염을 ⬜ㅇ ⬜ㅂ 합니다.

③ 우리나라는 산이 많다는 지리적 ⬜ㅌ ⬜ㅅ 이 있습니다.

1 다음 뜻에 알맞은 낱말을 보기에서 찾아 기호를 쓰세요.

어휘 확인

보기

⊙ 민감하다   ⊙ 정화하다   ⊙ 쾌적하다

(1) 기분이 상쾌하고 즐겁다.   (   )
(2) 더러운 것을 깨끗하게 하다.   (   )
(3) 자극에 빠르게 반응을 보이거나 쉽게 영향을 받는 데가 있다. (   )

2 다음 밑줄 친 낱말의 뜻에 맞게 (   )에 들어갈 알맞은 낱말을 찾아 ○표 하세요.

어휘 확인

(1)   자동차에서 배출되는 매연은 심각한 환경 오염을 <u>유발한다</u>.

➡ 어떤 것이 다른 일을 (멈추게, 일어나게) 한다.

(2)   스마트폰과 컴퓨터는 우리 생활과 <u>밀접하게</u> 연관되어 있다.

➡ 아주 (멀게, 가깝게) 맞닿아 있게. 또는 그런 관계에 있게.

3 다음 낱말이 들어갈 문장을 찾아 선으로 이으세요.

어휘 적용

(1) 특성 •   • ㉮ 식물은 공기를 (   )하여 실내를 쾌적하게 만든다.

(2) 정화 •   • ㉯ 자연환경은 보존하려고 노력하지 않으면 점점 더 훼손되는 (   )이/가 있다.

4 다음 글에서 밑줄 친 낱말과 뜻이 비슷한 낱말을 찾아 쓰세요.

개는 인간보다 수천 배에서 수십만 배 이상 <u>민감하게</u> 냄새를 맡을 수 있는 후각을 가지고 있다. 훈련받은 개가 폭발물이나 마약 같은 것을 찾아낼 수 있는 것도 인간보다 후각이 발달하여 냄새에 예민하게 반응하기 때문이다.

(   )

5 다음 보기 의 낱말 중 뜻이 반대인 낱말끼리 짝 지어진 것을 모두 찾아 기호를 쓰세요.

보기

㉠ 특성 – 성질   ㉡ 민감하다 – 둔하다
㉢ 밀접하다 – 긴밀하다   ㉣ 쾌적하다 – 불쾌하다

(,   )

관용 표현

6 다음 밑줄 친 속담을 사용할 수 있는 상황으로 알맞은 것을 찾아 ○표 하세요.

바느질을 하려면 반드시 바늘과 실이 같이 필요하다. '바늘 가는 데 실 간다'라는 속담은 **밀접한** 관계가 있는 것끼리는 서로 떨어지지 않고 같이 감을 이르는 말이다. 바느질할 때 필요한 바늘과 실처럼 생물이 살아가는 데는 물과 햇빛이 꼭 있어야 한다.

(1) 친구가 고장 난 자전거를 타다가 다치고 나서 고쳤을 때   (   )

(2) 만 원을 주고 산 동생의 장난감 수리비가 이만 원이 나왔을 때   (   )

(3) 탁구 선수가 꿈인 친구가 가는 곳에 항상 탁구공과 탁구채가 있을 때   (   )

독해로
어휘 마무리

오늘의
나의 실력은?

최고야　좋았어　힘내자

3주 2일
정답 확인

[7~8] 다음 설명하는 글을 읽고, 물음에 답하세요.

　　새로 지은 아파트에 이사를 가면 새집 증후군 때문에 고통을 호소하는 사람이 많다. 새집 증후군은 건물을 지을 때 사용한 건축˚자재에서 몸에 해로운 물질이 나와 이전에 없던 이상 증상이 신체에 나타나는 현상이다. 보통 눈, 코, 목이 가렵고 신경이 예민해져서 두통, 어지럼 증 등을 (　　㉠　　). 심하면 호흡 곤란까지 나타날 수 있으니 각별히 주의해야 한다.

　　새집 증후군을 없애려면 이사 전에 실내 온도를 높였다가 환기를 시키는 방법이 있다. 창 문과 문을 닫고 난방 온도를 35도에서 40도까지 올린 상태에서 대략 7시간 정도 기다린 후 에 창문과 문을 열고 환기를 시킨다. 이와 같은 과정을 5회 이상 반복하면 접착제나 벽지 등 에서 해로운 물질이 빠져나온다.

　　새집에 이사하고 난 후에는 아침저녁으로 환기를 자주 해 주거나, 공기를 **쾌적하게 정화할** 수 있는 식물을 키우는 것도 도움이 된다.

◆ **자재:** 어떤 것을 만들 때 필요한 기본적인 물건이나 재료.

◆ **환기:** 탁한 공기를 맑은 공기로 바꿈.

7　㉠에 들어갈 알맞은 낱말을 모두 고르세요. (　　　,　　　)

① 고친다　　　　　② 숨긴다　　　　　③ 다스린다

④ 유발한다　　　　⑤ 일으킨다

8　이 글을 읽고 알 수 있는 내용을 모두 고르세요. (　　,　　,　　　)

① 새집 증후군의 뜻

② 새집 증후군의 증상

③ 공기 정화 식물의 이름

④ 새집 증후군을 없애는 방법

⑤ 접착제나 벽지 등에서 빠져나오는 물질의 종류

공부한 날
___월 ___일

우리 생활 환경과 관련된 말 ❸

✏️ 다음 낱말의 뜻을 보고, 초성에 알맞은 말을 써넣으세요.

오늘의 어휘

- **검출**(檢 검사할 검, 出 날 출)**되다**: 주로 해로운 성분이나 요소 등이 검사를 통해 발견되다.
- **무분별**(無 없을 무, 分 나눌 분, 別 다를 별)**하다**: 바른 생각이나 판단하는 능력이 없다.
- **오염**(汚 더러울 오, 染 물들일 염)**되다**: 더럽게 물들다.   비슷한말 더러워지다
- **온난화**(溫 따뜻할 온, 暖 따뜻할 난, 化 될 화): 지구의 기온이 높아지는 현상.   비슷한말 지구 온난화
- **파괴**(破 깨뜨릴 파, 壞 무너질 괴)**되다**: 조직, 질서, 관계 등이 깨뜨려져 무너지다.   비슷한말 무너지다
- **폐수**(廢 폐할 폐, 水 물 수): 공장이나 광산 등에서 쓰고 난 뒤에 버리는 더러운 물.

1 다음 낱말의 뜻에 맞게 (   )에 들어갈 알맞은 낱말을 찾아 ○표 하세요.

어휘
확인

(1) 오염되다 ➡ (더럽게, 깨끗하게) 물들다.

(2) 온난화 ➡ 지구의 기온이 (낮아지는, 높아지는) 현상.

(3) 폐수 ➡ 공장이나 광산 등에서 쓰고 난 뒤에 버리는 (깨끗한, 더러운) 물.

2 다음 낱말의 뜻풀이에 들어갈 알맞은 낱말을 찾아 선으로 이으세요.

어휘
확인

(1) 파괴되다: 조직, 질서, 관계 등이 깨뜨려져 (   ).   ·   · ㉮ 발견되다

(2) 검출되다: 주로 해로운 성분이나 요소 등이 검사를 통해 (   ).   ·   · ㉯ 무너지다

3 다음 중 (   )에 '무분별'이 들어가기에 알맞은 문장에 모두 ○표 하세요.

어휘
적용

(   )한 개발로 자연이 파괴되고 있다.

우리말이 훼손되지 않게 외래어를 (   ) 하게 사용하지 말자.

손님에게 (   )하게 대한다는 소문이 돌자 식당에 사람이 많다.

4 다음 문장의 ㉠~㉢에 들어갈 알맞은 낱말을 [보기]에서 찾아 쓰세요.

보기

검출, 오염, 폐수

공장에서 흘러나온 (㉠)에서 납, 수은 같은 인체에 해로운 중금속 물질이 (㉡)되었다는 뉴스를 본 적이 있다. 중금속에 (㉢)된 생선이나 조개 등을 사람들이 먹으면 목숨을 잃을 수도 있다고 한다.

(1) ㉠: (　　　　　　) 　　(2) ㉡: (　　　　　　) 　　(3) ㉢: (　　　　　　)

5 다음 밑줄 친 낱말과 뜻이 비슷한 낱말은 무엇인가요? (　　　　)

물과 공기가 <u>오염되기</u> 시작하면서 많은 생물들이 점점 사라지고 있다.

① 늘어나기　　　　　② 무너지기　　　　　③ 줄어들기
④ 파괴되기　　　　　⑤ 더러워지기

6 다음 글을 읽고, 밑줄 친 관용어의 뜻으로 알맞은 것을 찾아 ○표 하세요.

　　자연은 한번 **파괴되면** 되돌리기가 어렵다. 뒤늦게 후회해도 이미 <u>엎지른 물이다.</u> 우리가 즐겨 먹는 컵라면 용기는 땅속에 묻혀 있어도 무려 500년 동안이나 썩지 않는다고 한다. 환경을 오염시키는 것은 순식간이지만 **오염된** 환경을 되살리는 데는 수십, 수백 배의 시간과 노력이 든다는 것을 잊지 말자.

(1) 다시 바로잡거나 되돌릴 수 없는 일을 빗대어 이르는 말.　　　　　　　(　　　)
(2) 꼭 적당한 것이 없을 때 그와 비슷한 것으로 대신하는 경우를 빗대어 이르는 말.
　　　　　　　　　　　　　　　　　　　　　　　　　　　　　　　　　　(　　　)
(3) 힘을 다히고 정성을 다하여 한 일은 그 결과가 반드시 헛되지 아니함을 빗대어 이르는 말.　　　　　　　　　　　　　　　　　　　　　　　　　　　　　(　　　)

독해로
어휘 마무리

오늘의
나의 실력은?

최고야 좋았어 힘내자

3주 3일
정답 확인

[7~8] 다음 주장하는 글을 읽고, 물음에 답하세요.

이산화 탄소 같은 온실가스 때문에 지구가 갈수록 뜨거워지고 있어요. 이 같은 지구 **온난화**가 일어나는 까닭은 우리에게 에너지를 제공해 주는 석유, 석탄, 천연가스 같은 화석 연료를 너무 **무분별하게** 사용하기 때문이에요. 우리는 지구 온난화를 막아야 해요.

전 세계 곳곳에서는 지구 온난화로 인해 여러 가지 이상 현상이 나타나고 있어요. 가장 심각한 것은 기후 변화예요. 갑작스러운 눈과 비, 태풍이 잇따르고 있고, 심한 더위와 추위, 홍수와 가뭄 때문에 사람들의 피해가 늘어나고 있어요. 아프리카에서는 물 증발량이 증가한 탓에 사막화 현상이 빨라지고 있어요.

또한 지구 온난화로 인해 지구 ◆생태계가 **파괴되고** 있어요. 극지방은 얼음이 녹아 북극곰들이 살 곳을 잃어가고 있고, 바닷물 온도가 높아지면서 바닷물이 **오염되고** 바다 생물들도 사라지고 있어요.

지구 온난화는 평범한 자연 현상이 아니에요. 우리는 지구 온난화를 막기 위해 이산화 탄소와 같은 온실가스 양을 줄이는 데 지금보다 더 노력해야 해요.

◆**생태계:** 여러 생물이 서로 영향을 미치면서 사는 세계.

7 이 글에 쓰인 낱말 중 다음 밑줄 친 낱말과 뜻이 비슷한 말은 무엇인가요? (   )

햇빛과 물, 흙과 바람 어느 것 하나라도 없으면 자연의 질서는 <u>무너지고</u> 만다.

① 나타나고   ② 늘어나고   ③ 오염되고

④ 잇따르고   ⑤ 파괴되고

8 이 글의 내용으로 알맞지 <u>않은</u> 것은 무엇인가요? (   )

① 온실가스 때문에 지구가 뜨거워지고 있다.

② 지구 온난화 때문에 이상 기후 현상이 나타난다.

③ 지구 온난화 때문에 지구 생태계가 파괴되고 있다.

④ 지구 온난화를 막으려면 이산화 탄소의 양을 늘려야 한다.

⑤ 지구 온난화가 일어나는 까닭은 화석 연료를 무분별하게 사용하기 때문이다.

우리 생활 환경과 관련된 말 ④

✏️ 다음 낱말의 뜻을 보고, 낱말을 알맞게 사용한 친구에게 ○표 하세요.

간척 (干 방패 간, 拓 헤칠 척)

바다나 호수의 일부를 둑으로 막고, 그곳을 흙으로 메워 땅으로 만드는 일.
예 간척 사업을 해서 국토 면적이 넓어졌다.

균형 (均 고를 균, 衡 저울대 형)

어느 한쪽으로 기울거나 치우치지 않고 고른 상태.
비슷한말 평형
반대말 불균형
예 평균대 위에서 균형을 잡고 서 있었다.

수거 (收 거둘 수, 去 갈 거)

거두어 감.
예 생활 쓰레기는 정해진 시간에 배출해 두어야 수거가 이루어진다.

청정 (淸 맑을 청, 淨 깨끗할 정)

맑고 깨끗함.
예 이 산과 들을 청정 지역으로 보존할 수 있도록 쓰레기를 버리지 맙시다.

친환경 (親 친할 친, 環 고리 환, 境 지경 경)

자연환경을 오염하지 않고 자연 그대로의 환경과 잘 어울리는 일.
비슷한말 환경친화
예 친환경 에너지 사용이 늘어나고 있다.

터전

생활의 중심이 되는 곳.
예 아빠가 먼저 터전을 닦으신 마을로 가족 모두 이사를 왔다.

간척 사업으로 우리 시의 면적이 줄어들었어.

 ( )

나는 균형 감각이 있어서 잘 넘어져.

 ( )

친환경 기술의 개발로 환경 오염이 줄어들었어.

 ( )

1 다음 낱말의 뜻을 보기에서 찾아 기호를 쓰세요.

어휘
확인

> 보기
>
> ㉠ 거두어 감.
> ㉡ 맑고 깨끗함.
> ㉢ 생활의 중심이 되는 곳.
> ㉣ 어느 한쪽으로 기울거나 치우치지 않고 고른 상태.

(1) 균형 (　　　　　)　　　　(2) 수거 (　　　　　　)

(3) 청정 (　　　　　)　　　　(4) 터전 (　　　　　　)

2 다음 낱말의 뜻풀이에 들어갈 알맞은 낱말을 보기에서 찾아 쓰세요.

어휘
확인

> 보기
>
> 강, 땅, 물, 흙

> 간척: 바다나 호수의 일부를 둑으로 막고, 그곳을 (1) (　　　　　　　)으로
> 메워 (2) (　　　　　　　)으로 만드는 일.

3 다음 중 밑줄 친 낱말을 알맞게 사용하여 말한 친구에게 ○표 하세요.

어휘
적용

청정 지역이라서
공기가 너무 나빠.

간척 공사를 하면 바다가
훨씬 넓어져.

환경 보호를 위해
쓰레기 수거 작업에
참여하기로 했어.

　(　　　　)

　(　　　　)

　(　　　　)

4 다음 ( )에 공통으로 들어갈 낱말을 완성하여 쓰세요.

> • 전기 차는 ( ) 자동차라서 오염 물질을 배출하지 않는다.
> • 환경 오염 물질을 유발하지 않는 ( ) 벽지로 집을 꾸몄다.
> • 이 채소는 농약을 전혀 사용하지 않고 키운 ( ) 농산물이다.

ㅊ ㅎ ㄱ

5 다음 밑줄 친 낱말과 뜻이 반대인 낱말이 되도록 빈칸에 알맞은 글자를 쓰세요.

> 금강에 하굿둑이 만들어지면서 넓은 호수가 생겨나고, 매년 희귀한 철새들이 날아와 많은 사람이 찾아오는 생태 관광 지역이 되었다. 이처럼 인간과 환경은 서로 영향을 주고받으며 <u>균형</u>을 이루고 있다.

☐ 균형

6 다음 글의 빈칸에 들어갈 한자 성어로 알맞은 것을 찾아 ○표 하세요.

> 성규: 우리나라는 **간척** 사업으로 갯벌을 메워 국토를 조금씩 넓혀 갔어. 그 땅을 관광지와 농경지로 사용하여 경제 발전에 도움을 주었지.
> 지민: 하지만 간척 사업으로 갯벌이 줄어들면서 생태계 파괴 등의 문제점이 나타나기도 해.
> 호영: 두 사람 말을 들으니 간척 사업도 ☐☐☐☐이/가 있구나.

(1) 일장일단(一長一短): 어떤 한 면에서의 장점과 다른 면에서의 단점을 통틀어 이르는 말.
( )

(2) 작심삼일(作心三日): 단단히 먹은 마음이 사흘을 가지 못한다는 뜻으로, 결심이 굳지 못함을 이르는 말.
( )

(3) 금상첨화(錦上添花): 비단 위에 꽃을 더한다는 뜻으로, 좋은 일 위에 또 좋은 일이 더하여짐을 빗대어 이르는 말.
( )

독해로
어휘 마무리

오늘의
나의 실력은?

최고야 좋았어 힘내자

3주 4일
정답 확인

[7~8] 다음 토론 내용을 읽고, 물음에 답하세요.

선생님: 갯벌은 오염된 바다를 정화해 주기 때문에 '자연의 콩팥'이라고 불려요. 그런데 이 소중한 갯벌이 점점 파괴되고 있어요. '갯벌 개발이 필요한가'에 대해 우리 친구들은 어떻게 생각하나요?

강준: 갯벌을 개발해야 한다고 생각합니다. 그 까닭은 첫째, 국토를 넓힐 수 있습니다. 전라북도의 새만금 갯벌은 **간척** 사업으로 서울 여의도 면적의 약 140배에 이르는 땅을 만들어 냈습니다. 둘째, 갯벌을 개발하여 ◆조력 발전을 할 수 있습니다. 조력 발전은 공해가 발생하지 않는 **친환경** 에너지이므로 지구 온난화를 막을 수 있습니다.

예지: 갯벌을 개발하지 않아야 합니다. 첫째, 갯벌을 개발하면 갯벌에 사는 미생물들이 오염 물질을 ◆분해하지 못하여 바다 오염이 심각해집니다. 둘째, 갯벌을 개발하면 저어새를 비롯한 멸종 위기의 새들이 살 곳이 없어지게 됩니다. 셋째, 어민들이 삶의 **터전**을 잃게 됩니다. 갯벌을 개발하는 것은 생태계 ㉠<u>균형</u>을 깨뜨리는 일입니다.

◆ **조력 발전:** 조수 간만의 차이로 일어나는 힘을 이용하는 수력 발전.
◆ **분해하지:** 여러 부분으로 이루어진 것을 그 부분이나 성분으로 따로따로 나누지.

7 강준이와 예지가 주장하는 것을 찾아 선으로 이으세요.

(1) 강준 •

(2) 예지 •

• ㉮ 갯벌을 개발해야 한다.

• ㉯ 갯벌을 개발하지 않아야 한다.

8 ㉠'균형'과 뜻이 비슷한 낱말은 무엇인가요? (   )

① 가능   ② 평등   ③ 평형

④ 환경   ⑤ 불균형

우리 생활 환경과 관련된 말

✎ 다음 뜻에 알맞은 낱말을 가로, 세로, 대각선으로 찾아 연결하세요.

친	울	적	하	다	오	전	폐	수
환	경	온	난	화	염	지	거	건
경	쓰	수	파	괴	되	다	혼	강
걸	레	쾌	특	성	다	민	청	정
강	동	적	표	운	짜	감	유	화
밀	접	하	다	동	지	하	소	하
검	출	다	일	회	용	품	읽	다

 낱말 뜻

1 거두어 감.

2 맑고 깨끗함.

3 더럽게 물들다.

4 기분이 상쾌하고 즐겁다.

5 더러운 것을 깨끗하게 하다.

6 조직, 질서, 관계 등이 깨뜨려져 무너지다.

7 아주 가깝게 맞닿아 있다. 또는 그런 관계에 있다.

8 공장이나 광산 등에서 쓰고 난 뒤에 버리는 더러운 물.

9 자연환경을 오염하지 않고 자연 그대로의 환경과 잘 어울리는 일.

10 사람과 생물에게 두루 영향을 끼치는 자연이나 사회의 조건이나 상태.

[1~2] 다음 밑줄 친 낱말과 뜻이 비슷한 낱말을 찾아 √표 하세요.

1

살아 있는 사람은 주위 온도가 변해도 항상 일정한 체온을 유지하는 <u>특성</u>이 있다. 사람은 때가 되면 식사를 해야 하고, 먹은 음식물을 소화시켜 필요한 양분을 흡수한 후 나머지는 배출한다. 또한 호흡을 하여 에너지를 만들어 생활한다.

① 까닭   ② 성격   ③ 성질
④ 습관   ⑤ 요소

2

대부분의 사람이 <u>쾌적하다고</u> 느끼는 온도를 '쾌적 온도'라고 하는데, 이것은 계절에 따라 약간의 차이가 있어요. 8월에는 약 22.3도, 1월에는 약 19도가 쾌적 온도라고 해요.

① 맑다고   ② 깨끗하다고   ③ 불쾌하다고
④ 상쾌하다고   ⑤ 피곤하다고

[3~4] 다음 밑줄 친 낱말과 뜻이 반대인 낱말을 글에서 찾아 쓰세요.

3

입 안의 혀로 물질의 맛을 느끼는 감각을 '미각'이라고 한다. 미각이 둔한 동물들도 있지만 인간의 미각은 매우 <u>민감한</u> 편이다. 뱀은 육식 동물인데도 고기 맛을 느끼지 못하고, 고양이는 단맛을 전혀 느끼지 못한다고 한다. 미각은 나이에 따라서도 차이가 있다. 아이들은 어른들보다 짠맛이나 신맛, 쓴맛을 예민하게 느끼기 때문에 채소를 싫어하는 것이라고 한다.

민감한 ↔ [   ]

4

요즘은 편의점에서 간편식이나 패스트푸드 등으로 한 끼를 대충 때우는 청소년들이 많다. 이렇게 끼니를 제대로 챙기지 못하면 탄수화물이나 지방 같은 영양소에 비해 비타민이나 무기질을 부족하게 섭취하게 되어 영양 불균형이 생기기 쉽다. 성장기에는 <u>균형</u> 잡힌 영양 섭취가 매우 중요하다.

균형 ↔ [   ]

[5~6] 다음 글의 빈칸에 들어갈 낱말을 찾아 ○표 하세요.

5

"깨끗한 자연 속 천연기념물 반딧불이가 살고 있는 무주로 놀러 오세요"

[   ] 지역에서만 볼 수 있는 반딧불이 축제가 오는 9월에 전라북도 무주에서 개최될 예정입니다. '반딧불이 신비 탐사'와 '생태 탐험' 등 다양한 프로그램을 즐길 수 있습니다.

오염	인공	청정	폐수

6

아마존 열대 우림이 지구 산소의 20퍼센트를 생산한다는 사실을 알고 있나요? 그런데 '지구의 허파'로 불리는 아마존 열대 우림이 무분별한 개발로 빠르게 [   ] 있어요. 사람들은 울창한 나무를 베어 내고 금과 은 같은 광물을 얻기 위해 숲을 훼손시켰어요. 사람들의 잘못으로 일어난 산불은 열대 우림을 망가뜨렸어요.

검출되고	생산되고	정화되고	파괴되고

7 다음 글을 읽고 알 수 있는 내용을 모두 고르세요. (,   ,   )

조명이 너무 많거나 지나치게 밝아서 사람과 자연환경에 피해를 주는 것을 '빛 공해'라고 한다. 빛 공해는 사람과 동식물에게 어떤 피해를 끼칠까?

빛 공해는 사람의 건강을 해친다. 밝은 조명 때문에 잠을 못 자서 불면증에 시달리게 되고 암 같은 큰 병의 원인이 되기도 한다. 또한 빛 공해는 동물의 생존을 위협한다. 철새들이 등대나 철탑의 불빛에 이끌려 이동하다가 부딪쳐 죽기도 한다. 그리고 빛 공해는 식물의 정상적인 성장을 방해한다. 가로등 불빛 때문에 가로수의 단풍 드는 시기가 늦어지고 수명도 짧아진다.

① 빛 공해의 뜻
② 빛 공해의 이로움
③ 빛 공해를 줄이는 방법
④ 빛 공해가 사람에게 끼치는 피해
⑤ 빛 공해가 동식물에게 끼치는 피해

한 걸음 더!

오늘의
나의 실력은?
최고야 · 좋았어 · 힘내자

○ '生'(생)이 들어간 낱말은 '태어나다, 살아가다'와 관련 있어요. '生'(생)이 들어간 낱말을 알아보아요.

생활
사람이나 동물이 일정한 환경에서
활동하며 살아감.

생신
세상에 태어난 날.
또는 태어난 날을 기념하는 해마다의
그날인 '생일'을 높여 이르는 말.

生
날 생

고생
어렵고 고된 일을 겪음.
또는 그런 일이나 생활.

생명
사람이 살아서 숨 쉬고 활동할 수
있게 하는 힘.

 Q 다음 문장에 알맞은 낱말을 찾아 ○표 하세요.

(1) 의사는 환자의 (생명, 생활)을 살리려고 최선을 다했다.

(2) 그녀는 수십 년 동안 침팬지의 (생신, 생활)을 관찰하고 연구했다.

(3) 아버지는 어렸을 때 집안 형편이 어려워 (고생, 생명)을 많이 하셨다.

4주 1일 경제 활동과 관련된 말 ①

✏️ 다음 낱말의 뜻을 보고, 낱말을 알맞게 사용한 친구에게 ○표 하세요.

무역 (貿 바꿀 무, 易 바꿀 역)

나라와 나라 사이에 물건이나 서비스를 사고파는 일.

비슷한말 교역, 거래

㉠ 우리나라는 세계 여러 나라들과 무역을 활발하게 한다.

소비자 (消 꺼질 소, 費 쓸 비, 者 놈 자)

생산자가 만든 물건이나 서비스 등을 돈을 주고 사는 사람.

반대말 생산자

㉠ 학교 앞 분식집의 소비자는 주로 학생들이다.

원산지 (原 근원 원, 産 낳을 산, 地 땅 지)

어떤 물건의 재료나 제품이 만들어진 곳.

㉠ 이 배추의 원산지는 대한민국이다.

유통 (流 흐를 유, 通 통할 통)

상품이 생산자에게서 소비자에게 오기까지의 과정.

㉠ 채소의 유통 과정을 줄여 신선한 채소를 공급하고 있다.

합리적 (合 합할 합, 理 다스릴 리, 的 과녁 적)

이론이나 이치에 알맞은 것.

반대말 비합리적, 불합리적

㉠ 한 가지 물건만 살 수 있어서 무엇이 합리적 선택일지 고민했다.

희소성 (稀 드물 희, 少 적을 소, 性 성품 성)

사람들이 필요로 하는 것에 비해 그 물건이 드물거나 부족한 상태.

㉠ 이 옷 가게의 옷은 인기가 많아서 희소성이 높다.

엄마는 소비자인 농부의 이름이 적혀 있는 수박을 사셨어.

(   )

무역을 하니까 우리나라에 없는 물건을 쉽게 구할 수 있구나.

(   )

누나는 항상 용돈을 합리적으로 소비해서 돈을 낭비해.

(   )

1 다음 낱말의 뜻을 **보기**에서 찾아 기호를 쓰세요.

어휘
확인

보기

㉠ 어떤 물건의 재료나 제품이 만들어진 곳.
㉡ 상품이 생산자에게서 소비자에게 오기까지의 과정.
㉢ 나라와 나라 사이에 물건이나 서비스를 사고파는 일.
㉣ 생산자가 만든 물건이나 서비스 등을 돈을 주고 사는 사람.

(1) 무역 …… (   )   (2) 소비자 … (   )
(3) 원산지 … (   )   (4) 유통 …… (   )

2 다음 낱말의 뜻에 맞게 (   )에서 알맞은 말을 찾아 ○표 하세요.

어휘
확인

(1)   **합리적**   ➡ 이론이나 이치에 (알맞은, 알맞지 않은) 것.

(2)   **희소성**   ➡ 사람들이 필요로 하는 것에 비해 그 물건이 (드물거나 부족한, 흔하거나 넘치는) 상태.

3 다음 빈칸에 들어갈 알맞은 낱말을 찾아 √표 하세요.

어휘
적용

(1) 생산자와 소비자가 직접 만나 거래를 하면 [   ] 단계가 크게 줄어든다.

☐ 무역
☐ 유통

(2) 인터넷에서 제품을 살 때에 [   ]들은 물건에 대한 정보를 꼼꼼하게 살펴보아야 한다.

☐ 생산자
☐ 소비자

4 다음 중 밑줄 친 낱말을 알맞게 사용하여 말한 친구에게 모두 ○표 하세요.

외국에서 들여온 농산물에 모두 <u>원산지</u> 표시가 되어 있어.

(   )

이 옷은 아무 때나 살 수 있을 정도로 <u>희소성</u>이 있어.

(   )

<u>무역</u>을 하니까 외국에서 만들어진 물건을 살 수 있는 거야.

(   )

5 다음 밑줄 친 낱말과 뜻이 반대인 낱말을 쓰세요.

요즘은 농민들이 재배한 농산물을 <u>소비자</u>에게 직접 판매하는 곳이 많이 생겼다.

(   )

관용 표현

6 다음 대화의 빈칸에 들어갈 한자 성어로 알맞은 것을 찾아 ○표 하세요.

은결: 떡볶이도 먹고 싶고 햄버거도 먹고 싶은데…….
지영: 언제까지 고민만 할 거야? 넌 성격이 너무 [   ]해서 결정을 잘 못 하는 게 탈이야.
은결: 용돈이 얼마 안 남아서 **합리적**인 선택을 하려고 그러는 거야.

(1) 다정다감(多情多感): 정이 많고 감정이 풍부함.   (   )

(2) 횡설수설(橫說竪說): 앞뒤가 맞지 않게 이러쿵저러쿵 말을 늘어놓음.   (   )

(3) 우유부단(優柔不斷): 어떻게 할지 얼른 마음 먹지 못하고 망설이기만 함.   (   )

독해로
어휘 마무리

오늘의
나의 실력은?

최고야 좋았어 힘내자

4주 1일
정답 확인

[7~8] 다음 주장하는 글을 읽고, 물음에 답하세요.

무역이 활발해지면서 부자 나라는 계속 부자가 되고, 가난한 나라는 계속 가난해지는 문제가 생기기도 한다. 부자 나라의 기업들이 더 많은 이익을 남기기 위해 가난한 나라에서 싼값에 원료를 사들이고, 가난한 나라의 노동자들에게 적은 돈을 주고 일을 시키기 때문이다. 이 문제를 해결하기 위해 등장한 것이 '공정 무역'이다. 공정 무역이란 가난한 나라의 생산자에게 정당한 대가를 주어 생산자를 돕는 무역을 말한다.

공정 무역은 주로 가난한 나라에서 재배된 커피 열매나 초콜릿의 원료인 카카오 등의 농작물을 두고 이루어진다. 공정 무역 단체들은 생산자에게 더 많은 이익이 돌아가도록 하기 위해 (㉠   ) 단계를 줄이고 직거래로 제값에 농작물을 사들인다. 또한 농민들이 농약과 화약 비료를 적게 쓰고 친환경적으로 농사를 짓게 한다. 농민들은 건강을 지키며 농작물을 재배하고, **소비자**들은 질 좋은 제품을 살 수 있다.

우리 모두가 행복해질 수 있는 착한 무역, 공정 무역에 앞으로 더 많은 관심을 갖자.

◆ **직거래:** 물건을 살 사람과 팔 사람이 중개인을 거치지 않고 직접 거래함.

7 ㉠에 들어갈 알맞은 낱말을 찾아 ○표 하세요.

유통   소비자   원산지   희소성

8 공정 무역에 대한 설명으로 알맞은 것은 무엇인가요? (   )

① 유통 단계를 복잡하게 늘린다.
② 생산자에게 싼값을 주고 원료를 사들인다.
③ 소비자가 직접 물건을 만드는 데 참여한다.
④ 가난한 나라의 생산자가 정당한 대가를 받게 한다.
⑤ 부자 나라 기업에게 가장 많은 이익이 돌아가게 한다.

경제 활동과 관련된 말 ②

✏️ 다음 낱말의 뜻을 보고, 초성에 알맞은 말을 써넣으세요.

◎◎자동차가 자동차 생산 ㄷㄱㅈ 을 하고 있다는구나.

그래서 사람들이 ◎◎자동차를 사지 말자는 ㅂㅁ 운동을 하고 있는 거군요.

자동차의 ㅍㅈ 은 떨어지는데 가격은 계속 오르니 사람들의 불만이 커졌지.

크림빵은 ㅍㅈ 이래. 그래서 머핀 스무 개를 샀어.

요즘 이 빵집의 크림빵이 인기가 많다더니 ㅍㄱ 현상을 빚고 있구나.

머핀 스무 개를 산 건 너무 ㄱㅅㅂ 아니니?

오늘의 어휘

- **과소비**(過 지날 과, 消 꺼질 소, 費 쓸 비): 돈이나 물품 등을 지나치게 많이 써서 없애는 일.
- **독과점**(獨 홀로 독, 寡 적을 과, 占 차지할 점): 어떤 상품의 생산이나 유통을 혼자 또는 아주 적은 수의 기업만이 차지함.
- **불매**(不 아닐 불, 買 살 매): 상품 등을 사지 않음.
- **품귀**(品 물건 품, 貴 귀할 귀): 물건을 구하기 어려움.
- **품절**(品 물건 품, 切 끊을 절): 물건이 다 팔리고 없음. 비슷한말 매진
- **품질**(品 물건 품, 質 바탕 질): 물건의 성질과 바탕. 비슷한말 질

1 다음 뜻에 알맞은 낱말이 완성되도록 빈칸에 들어갈 글자를 글자판에서 찾아 쓰세요.

어휘
확인

독	소	과	비	과	점

(1) 돈이나 물품 등을 지나치게 많이 써서 없애는 일. ➡ ☐ ☐ ☐

(2) 어떤 상품의 생산이나 유통을 혼자 또는 아주 적은 수의 기업만이 차지함.

➡ ☐ ☐ ☐

2 다음 낱말의 뜻으로 알맞은 것을 찾아 ○표 하세요.

어휘
확인

(1) 불매
- ㉠ 상품 등을 팖. ( )
- ㉡ 상품 등을 사지 않음. ( )

(2) 품질
- ㉠ 물건의 값. ( )
- ㉡ 물건의 성질과 바탕. ( )

3 다음 빈칸에 들어갈 알맞은 낱말을 찾아 선으로 이으세요.

어휘
적용

(1) 올여름 계속되는 무더위로 선풍기 ( ) 사태가 벌어졌다. · · ㉮ 불매

(2) 소비자들은 오염 물질이 검출된 제품의 ( ) 운동을 벌였다. · · ㉯ 품귀

4 다음 문장의 (   )에 들어갈 알맞은 낱말을 보기 에서 찾아 쓰세요.

어휘 적용

보기
품질, 과소비, 독과점

(1) 누나는 (   )이/가 심해서 항상 용돈이 빨리 떨어진다.

(2) 이 운동화는 (   )이/가 좋아서 오래 신었는데도 해지지 않았다.

(3) 동네마다 대형 빵집이 (   )을/를 해서 작은 빵집들이 많이 없어졌다.

5 다음 밑줄 친 낱말과 바꾸어 쓸 수 있는 낱말은 무엇인가요? (   )

어휘 확장

사고 싶었던 가방이 <u>품절</u>이라 어쩔 수 없이 다른 가방을 샀다.

① 매진   ② 불매   ③ 제품
④ 파손   ⑤ 품질

관용 표현

6 다음 글을 읽고, 밑줄 친 표현의 뜻으로 알맞은 것을 찾아 ○표 하세요.

꿀이 뚝뚝 새콤달콤 사과!

매진 임박! **품질** 보장!

추석 명절을 앞두고 <u>날개 돋친</u> 듯 팔리고 있는 새콤달콤 사과!
지금 주문하시면 배송비 무료예요.
품절이 되기 전에 빨리 서두르세요!

(1) 슬그머니 피하여 달아난.   (   )

(2) 상품이 빠른 속도로 팔려 나간.   (   )

(3) 잘되어 가고 있는 일에 뛰어들어 분위기를 흐리거나 일을 망친.   (   )

독해로
어휘 마무리

오늘의
나의 실력은?

최고야 좋았어 힘내자

4주 2일
정답 확인

[7~8] 다음 설명하는 글을 읽고, 물음에 답하세요.

　　너희들도 시험에서 좋은 성적을 얻으려고 친구들과 경쟁하잖아. 기업들도 자신들이 만든 물건을 더 많이 팔려고 경쟁을 해. 기업들의 자유로운 경쟁 덕분에 소비자들은 ㉠**품질** 좋은 상품을 싸게 살 수 있는 거야.

　　그런데 시간이 지나면 경쟁에서 살아남은 **독과점** 기업이 생기기 마련이야. 동네에 있는 치킨 가게들을 떠올려 봐. 지금은 다양한 이름의 치킨 가게들이 경쟁을 하고 있지? 그런데 치킨 가게가 줄거나 없어져서 소수의 치킨 가게만 남으면 어떤 일이 벌어질까? 경쟁자가 없으니 가격부터 올린다는 말이 나올 거야. 비싸도 치킨을 먹고 싶은 소비자들은 남아 있는 가게에서 치킨을 사 먹을 수밖에 없다는 것을 이용하려는 거지.

　　요즘은 소비자들의 영향력이 아주 커졌어. 소비자들이 단결해서 **불매** 운동을 벌인다는 뉴스를 종종 봤을 거야. 불공정한 가격에 물건을 판매하거나, 생산 과정이 환경에 해를 끼친다거나, 노동자의 안전을 무시하는 등 윤리적이지 못한 행위를 한 기업들에 대해 불매 운동을 벌여. 소비자들은 독과점 기업이 횡포를 부리지 못하도록 잘 지켜봐야 해.

◆ **윤리적:** 사람으로서 마땅히 지켜야 할 행동 기준에 관련되거나 이를 따르는 것.

◆ **횡포:** 자신의 힘이나 권력을 써서 남에게 거칠고 사납게 구는 것.

7 ㉠'품질'과 바꾸어 써도 뜻이 통하는 낱말은 무엇인가요? (　　　　)

① 양　　　　　　　② 질　　　　　　　③ 가격

④ 품귀　　　　　　⑤ 품절

8 소비자들이 불매 운동을 벌이는 경우를 모두 고르세요. (　　,　　,　　)

① 물건을 팔려고 경쟁할 때

② 노동자의 안전을 무시할 때

③ 생산 과정이 환경에 해를 끼칠 때

④ 품질 좋은 제품을 저렴하게 팔 때

⑤ 불공정한 가격에 물건을 판매할 때

OK

OK

OK

OK

OK

OK

경제 활동과 관련된 말 ❸

다음 낱말이 사용된 상황을 보고, 뜻에 맞는 낱말을 써넣어 사전을 완성하세요.

어휘 사전

❶ ㅁ ㄱ (物 물건 물, 價 값 가)
: 물건이나 서비스의 평균적인 가격.
모양이 같은 말 물가: 바다, 강, 호수처럼 물이 있는 곳의 가장자리.

❷ ㄱ ㅅ (減 덜 감, 少 적을 소)하다
: 수나 양이 줄다. 반대말 증가하다

❸ ㄱ ㄷ (急 급할 급, 騰 오를 등)하다
: 물가 같은 것이 갑자기 오르다.
비슷한말 폭등하다
반대말 급락하다, 폭락하다

❹ ㄴ ㅂ (納 들일 납, 付 줄 부)하다
: 세금이나 등록금 등을 국가 또는 공공 기관에 내다.
비슷한말 불입하다, 내다 반대말 불납하다

❺ ㅂ ㅎ (不 아닐 불, 況 상황 황)
: 나라의 경제 활동 상황이 좋지 않은 상태. 비슷한말 불경기 반대말 호황

❻ ㅈ ㄱ (節 마디 절, 減 덜 감)
: 아끼어 줄임. 비슷한말 절약

1 다음 낱말의 뜻풀이에 알맞은 낱말을 보기에서 찾아 기호를 쓰세요.

어휘
확인

보기
　　　　ⓐ 절감　　　　ⓑ 감소하다　　　　ⓒ 납부하다

(1) 아끼어 줄임.　　　　　　　　　　　　　　　　　(　　　　　)
(2) 수나 양이 줄다.　　　　　　　　　　　　　　　　(　　　　　)
(3) 세금이나 등록금 등을 국가 또는 공공 기관에 내다.　(　　　　　)

2 다음 밑줄 친 낱말의 뜻에 맞게 (　　　)에 들어갈 알맞은 낱말을 찾아 ○표 하세요.

어휘
확인

(1)　　　　　　　불황이 길어지면서 많은 사람들이 일자리를 잃었다.

➡ 나라의 경제 활동 상황이 (좋은, 좋지 않은) 상태.

(2)　　　　　　　태풍 피해를 입은 농가가 많아서 채소 가격이 급등했다.

➡ 물가 같은 것이 갑자기 (내렸다, 올랐다).

3 다음 밑줄 친 낱말을 잘못 사용한 친구의 이름을 쓰세요.

어휘
적용

고운: 국민들이 납부한 세금은 나라 살림을 하는 데 쓰인대.
훈재: 무더위가 계속되면서 에어컨 사용량이 크게 감소했어.
정석: 에너지 절감을 위해 앞으로 가까운 거리는 걸어 다닐 거야.

(　　　　　)

4 다음 뜻으로 쓰인 낱말을 보기에서 찾아 기호를 쓰세요.

어휘
확장

> **보기**
>
> ㉠물가가 너무 올라서 이번 여름휴가 때는 멀리 여행을 가지 않았다. 대신 집에서 가까운 ㉡물가에 가서 물놀이를 했다.

(1) 물건이나 서비스의 평균적인 가격. ( )

(2) 바다, 강, 호수처럼 물이 있는 곳의 가장자리. ( )

5 다음 중 두 낱말의 관계가 보기와 같은 것을 찾아 ○표 하세요.

어휘
확장

> **보기**
>
> 급등하다 – 급락하다

(1) 불황 – 불경기 …… ( ) (2) 절감 – 절약 …………… ( )

(3) 납부하다 – 내다 … ( ) (4) 감소하다 – 증가하다 … ( )

관용 표현

6 다음 글을 읽고, 밑줄 친 관용어의 뜻을 알맞게 말한 친구를 찾아 ○표 하세요.

경기 **불황**, 언제쯤 나아질까?

달걀, 우유, 쌀 등 생필품 가격이 모조리 오르고 있다. **물가가 급등하여** 점심 식사 한 끼 비용도 작년과 비교해 많이 올랐다. 회사원 정승호 씨는 "월급은 정해져 있으니 더 허리띠를 졸라매고 살아야 할 것 같다."고 말했다.

(1) 연호: 검소한 생활을 한다는 뜻이야. ( )

(2) 소영: 겉모양새를 잘 꾸민다는 뜻이야. ( )

(3) 효준: 자기 자신을 낮추고 겸손해진다는 뜻이야. ( )

[7~8] 다음 생활문을 읽고, 물음에 답하세요.

엄마는 뉴스에서 경제 **불황**이라는 말만 나오면 IMF 외환 위기 얘기를 꺼내신다.

"엄마, IMF 외환 위기가 뭐예요?"

"1997년에 우리나라에 닥친 경제 위기를 말해. 그때 우리나라는 외국에서 빌린 돈은 많은데 가지고 있는 외화가 적어서 돈을 갚을 수가 없었단다. 그래서 국제 통화 기금(IMF)이라는 국제 금융 기구에 도움을 요청해 돈을 빌렸어."

성규가 왜 그런 일이 생겼는지 궁금해하자 아빠가 설명을 해 주셨다.

"1990년대 우리나라는 경제 개발이 한창이어서 기업들이 은행에서 무리하게 돈을 빌려 사업을 늘렸단다. 결국 빚을 갚지 못한 많은 기업들이 문을 닫았고 많은 사람들이 일자리를 잃었지. 금리가 **급등하고 물가**가 안정되지 않아 혼란스러운 시기였어."

"아빠, 그래서 어떻게 위기를 극복했나요?"

"부족한 외화를 채우기 위해 온 국민이 집에 있는 금을 나라에 파는 '금 모으기 운동'을 벌였단다. 이렇게 힘을 모아 4년 후 국제 통화 기금에서 빌린 돈을 모두 갚았지."

성규는 힘을 모아 나라의 위기를 극복한 우리나라 국민들이 정말 대단하다는 생각이 들었다.

◆ **외환**: 다른 나라와 거래를 할 때 쓰는 돈.
◆ **금리**: 금융 기관에서 빌린 돈이나 예금에 붙는 이자 또는 그 비율.

7 다음 밑줄 친 낱말과 뜻이 반대인 낱말을 이 글에서 찾아 쓰세요.

다른 나라로의 수출이 늘어나면서 우리 경제가 <u>호황</u>을 맞았다.

(   )

8 IMF 외환 위기 당시 우리나라 상황으로 알맞지 <u>않은</u> 것은 무엇인가요? (   )

① '금 모으기 운동'을 벌였다.

② 문을 닫는 기업들이 늘었다.

③ 많은 사람들이 일자리를 잃었다.

④ 국제 통화 기금에서 돈을 빌렸다.

⑤ 금리가 내려가고 물가가 안정되었다.

경제 활동과 관련된 말 ④

✏️ 다음 낱말이 사용된 상황을 보고, 초성에 알맞은 낱말을 써넣어 짧은 글을 완성하세요.

오늘의 어휘

- **경공업**(輕 가벼울 경, 工 장인 공, 業 업 업): 식료품, 종이 등 부피에 비하여 무게가 가벼운 물건을 만드는 공업.
  반대말 중공업

- **자원**(資 재물 자, 源 근원 원): 석유나 나무처럼 사람들의 생활에 필요한 것을 만드는 데 쓰이는 원료.

- **고갈**(枯 마를 고, 渴 목마를 갈)**되다**: 자원이나 물질 같은 것이 다 써서 없어지다. 비슷한말 소진되다

- **첨단**(尖 뾰족할 첨, 端 바를 단): 시대나 학문, 유행 등의 가장 앞서는 자리.

- **축산업**(畜 가축 축, 産 낳을 산, 業 업 업): 가축을 길러서 얻은 원료를 이용하여 제품을 만드는 산업.

- **풍부하다**(豐 풍년 풍, 富 부유할 부)**하다**: 넉넉하고 많다.
  비슷한말 넉넉하다

📝 **짧은 글짓기**

① 미래의 식량 [ㅈ][ㅇ]으로 곤충이 이야기되고 있습니다.

② 물고기를 너무 많이 잡아서 수산 자원이 [ㄱ][ㄱ]될 위기에 처했습니다.

③ 아버지께서는 여행 경험이 [ㅍ][ㅂ]하셔서 다른 나라에 대한 정보를 많이 알고 계십니다.

1 다음 낱말의 알맞은 뜻을 찾아 선으로 이으세요.

어휘
확인

(1) 자원 •

(2) 첨단 •

(3) 고갈되다 •

• ㉮ 시대나 학문, 유행 등의 가장 앞서는 자리.

• ㉯ 자원이나 물질 같은 것이 다 써서 없어지다.

• ㉰ 석유나 나무처럼 사람들의 생활에 필요한 것을 만드는 데 쓰이는 원료.

2 다음 뜻에 알맞은 낱말이 완성되도록 빈칸에 들어갈 글자를 글자판에서 찾아 쓰세요.

어휘
확인

산　축　경　업　업　공

(1) 가축을 길러서 얻은 원료를 이용하여 제품을 만드는 산업. ➡ ☐☐☐

(2) 식료품, 종이 등 부피에 비하여 무게가 가벼운 물건을 만드는 공업. ➡ ☐☐☐

3 다음 문장의 밑줄 친 부분과 뜻이 통하는 낱말을 보기 에서 찾아 쓰세요.

어휘
적용

보기
고갈되지는, 부족하지는, 풍부하지는

우리나라는 자원이 <u>넉넉하고 많지는</u> 않지만 기술력이 뛰어나다.

(　　　　　　)

4 다음 밑줄 친 낱말을 알맞게 사용하였으면 ●에 ○표, 알맞지 않으면 ◉에 ○표 하세요.

어휘
적용

(1) 로봇 산업과 같은 <u>첨단</u> 산업은 뛰어난 기술을 필요로 한다. ● , ◉

(2) 자원은 그 양이 한정되어 있어서 시간이 흐를수록 <u>풍부할</u> 것이다. ● , ◉

5 다음 빈칸에 들어갈, 밑줄 친 낱말과 뜻이 반대인 낱말을 세 글자로 쓰세요.

어휘
확장

　　우리나라는 1960년대에 섬유, 신발 등을 만드는 <u>경공업</u>이 발달했다. 1970년대에 들어서면서 철, 배, 자동차 등과 같이 부피에 비하여 무게가 비교적 무거운 물건을 만드는 [　　　　　　]이/가 발달하기 시작했다.

(　　　　　　　　)

관용 표현

6 다음 글의 내용에 어울리는 한자 성어를 찾아 ○표 하세요.

　　전 세계는 석유, 석탄 등의 화석 연료에서 에너지를 얻고 있어요. 이 같은 자원들은 대부분 그 양이 한정되어 있어서 지금처럼 계속 사용하면 **고갈될** 것이라고 해요. 앞으로 닥칠 에너지 위기에 대비하려면 우리나라도 에너지 사용량 절감과 화석 연료를 대신할 수 있는 대체 에너지 개발이 시급해요.

(1) 유비무환(有備無患): 미리 준비가 되어 있으면 걱정할 것이 없음. (　　　　)

(2) 견물생심(見物生心): 물건을 실제로 보게 되면 가지고 싶은 욕심이 생김. (　　　　)

(3) 우왕좌왕(右往左往): 이리저리 왔다 갔다 하며 일이나 나아가는 방향을 종잡지 못함.

(　　　　)

[7~8] 다음 기사문을 읽고, 물음에 답하세요.

| ○○ 어린이 신문 |　　　　　　　　　　20○○년　9월　13일　수요일

가축 분뇨는 자원이다

유엔 식량 농업 기구(FAO)에 따르면 가축의 방귀와 트림, 분뇨에서 나오는 온실가스가 전 세계 온실가스 배출량의 14.5퍼센트를 차지한다고 한다. '2050년까지 탄소 중립을 위한 온실가스 배출 감소 목표'라는 정부 정책에 발맞춰 **축산업** 농가에서도 변화를 찾고 있다.

농림 축산 식품부는 지난달 14일에 충청남도 ○○군에 있는 △△에너지화 시설에서 가축 분뇨 활용 확대를 위한 모임을 개최하였다. 이 자리에서 농림 축산 식품부 장관은 "악취와 환경 오염의 주요 원인으로 인식되어 온 가축 분뇨를 고체 연료와 바이오 가스 등 신재생 에너지를 생산하는 데 적극적으로 활용하고 있다."라고 밝히며 "가축 분뇨를 메탄가스로 에너지화하면 악취와 온실가스 배출을 줄이고 전기와 열을 생산하는 효과를 누릴 수 있다."라고 말했다.

가축 분뇨는 더 이상 오염 물질이 아닌 **고갈될** 걱정이 없는 **자원**이다. 전문가들은 앞으로 가축 분뇨를 활용한 에너지 생산 비중이 더 확산될 것으로 전망하고 있다.

◆ **분뇨:** 가축의 똥과 오줌.
◆ **탄소 중립:** 배출한 이산화 탄소만큼 이산화 탄소를 흡수해 실질 배출량을 '0'으로 만드는 일.

---

7 이 기사문에서 전하려는 중심 내용은 무엇인가요? (　　　　　)

① 가축의 분뇨는 오염 물질일 뿐이다.
② 가축의 분뇨에서 심한 악취가 난다.
③ 가축의 분뇨는 환경 오염의 주요 원인이다.
④ 가축은 방귀와 트림에서 온실가스를 배출한다.
⑤ 가축의 분뇨는 에너지를 생산할 수 있는 자원이다.

8 이 글에 나오는 다음 낱말 중에서 밑줄 친 부분과 뜻이 통하는 낱말을 찾아 ○표 하세요.

　　　산업이 발달할수록 천연자원은 <u>다 써서 없어질</u> 것이다.　　　(고갈될, 확산될)

복습

4주 5일

경제 활동과 관련된 말

✏️ 다음 뜻풀이를 보고, 십자말풀이를 완성하세요.

1					5	6	
2		3					
		4					
					8		
				7			
	9						

➡️ 가로

2 생산자가 만든 물건이나 서비스 등을 돈을 주고 사는 사람.

4 어떤 물건의 재료나 제품이 만들어진 곳.

5 어떤 상품의 생산이나 유통을 혼자 또는 아주 적은 수의 기업만이 차지함.

7 세금이나 등록금 등을 국가 또는 공공 기관에 내다.

9 상품 등을 사지 않음.

⬇️ 세로

1 사람들이 필요로 하는 것에 비해 그 물건이 드물거나 부족한 상태.

3 석유나 나무처럼 사람들의 생활에 필요한 것을 만드는 데 쓰이는 원료.

6 돈이나 물품 등을 지나치게 많이 써서 없애는 일.

8 넉넉하고 많다.

9 나라의 경제 활동 상황이 좋지 않은 상태.

[1~2] 다음 밑줄 친 낱말의 뜻으로 알맞은 것을 찾아 ○표 하세요.

1

"이 운동화가 너희들 사이에 가장 인기라며?"
"네, 아빠. 처음에 한정 수량만 판매해 <u>희소성</u>이 높아서 지금보다 가격이 더 비쌌어요. 그나마 지금은 많이 생산되어 가격이 약간 떨어졌어요."

(1) 사람들이 필요로 하는 것에 비해 그 물건이 드물거나 부족한 상태.　　（　　　）
(2) 어떤 상품의 생산이나 유통을 혼자 또는 아주 적은 수의 기업만이 차지함.　（　　　）

2

값싼 외국산 농산물을 수입해서 국산으로 속여 파는 것을 막고, 공정한 거래를 통해 생산자를 보호하기 위해 1991년부터 농산물에 <u>원산지</u>를 표시하는 제도가 시행되었다.

(1) 어떤 물건의 재료나 제품이 만들어진 곳.　　　　　　　　（　　　）
(2) 시대나 학문, 유행 등의 가장 앞서는 자리.　　　　　　　（　　　）

[3~4] 다음 관계의 두 낱말을 찾아 기호를 쓰세요.

3

지난해 청소년들의 독서 실태 ㉠<u>설문</u> 조사 결과를 보면 초·중·고등학생의 절반 이상은 웹툰이나 웹 소설을 읽는 것도 ㉡<u>독서</u>로 생각하는 것으로 나타났다. 갈수록 종이책을 읽는 학생은 ㉢<u>감소</u>하고, 전자책을 읽는 학생의 ㉣<u>비율</u>은 ㉤<u>증가하고</u> 있다.

• 뜻이 반대인 낱말: ⬚⬚⬚ ↔ ⬚⬚⬚

4

요즘 경기 ㉠<u>불황</u>으로 물건을 새로 ㉡<u>구입하기</u>보다 가지고 있는 ㉢<u>물건</u>을 다시 고쳐서 사용하는 사람들이 많아졌다. 버리기는 아깝고 새로 사기에는 비싼 물건을 수리하는 곳은 ㉣<u>불경기</u>에 ㉤<u>호황</u>을 누리고 있다.

• 뜻이 비슷한 낱말: ⬚⬚⬚ ━ ⬚⬚⬚

[5~6] 다음 글의 〔　　〕에 들어갈 알맞은 낱말을 찾아 ○표 하세요.

5

　똑같은 물건인데 대형 마트가 집 앞 슈퍼마켓보다 가격이 싼 까닭은 대형 마트는 직접 공장에서 물건을 사다가 소비자에게 팔기 때문이다. 반면 슈퍼마켓은 공장에서 도매상 등 여러 〔 불매 | 유통 | 품절 〕 과정을 거쳐 소비자에게 물건을 팔기 때문에 대형 마트보다 가격이 비싸다.

6

뉴스 진행자: 장마철 채소 물가가 어떤지 농산물 시장에 나가 있는 취재 기자를 연결해 알아보겠습니다.
기자: 전국에 내린 폭우의 영향으로 채소류의 가격이 〔 급등해 | 급락해 | 풍부해 〕 상인도 소비자도 걱정이 커지고 있습니다.

[7~8] 다음 글의 밑줄 친 낱말을 넣어 문장을 만들어 쓰세요.

　아빠와 엄마께서 지난달에 돈을 너무 많이 썼다며 생활비 절감을 위해 노력해야겠다고 말씀하셨다. 부모님의 말씀을 듣고 나와 동생도 필요 없는 물건을 사 달라고 하지 않고, 과소비를 줄이기 위해 함께 노력하겠다고 말했다.

7　　**절감**　: 아끼어 줄임.

_____

8　　**과소비**　: 돈이나 물품 등을 지나치게 많이 써서 없애는 일.

_____

한 걸음 더!

오늘의
나의 실력은?

 최고야   좋았어   힘내자

4주 5일
정답 확인

○ '業'(업)이 들어간 낱말은 '일, 직업'과 관련 있어요. '業'(업)이 들어간 낱말을 알아보아요.

직업

돈을 받으면서
일정하게 하는 일.

기업

이윤을 얻기 위해 물건을 생산하고
판매하고 유통하는 일을 하는 단체.

業
업 업

업적

사업이나 연구 등에서 노력과
수고를 들여 이룩해 놓은 결과.

졸업

학생이 학교에서 정해진
교과 과정을 모두 마침.

Q 다음 문장에 알맞은 낱말을 찾아 ○표 하세요.

(1) 초등학교를 (졸업, 직업)하고 중학생이 된다니 무척 설렌다.

(2) 내가 되고 싶은 (업적, 직업)은 동물을 치료해 주는 수의사이다.

(3) 훈민정음 창제는 세종 대왕의 가장 위대한 (기업, 업적)으로 꼽힌다.

자연재해와 관련된 말 ①

✏️ 다음 낱말의 뜻을 보고, 낱말을 알맞게 사용한 친구에게 ○표 하세요.

가뭄

오랫동안 계속하여 비가 내리지 않아 메마른 날씨.

반대말 장마

㉾ 오랜 기간 계속된 <u>가뭄</u>으로 농작물이 모두 말라 죽었다.

수해(水 물 수, 害 해로울 해)

장마나 홍수로 인한 피해.

비슷한말 물난리

㉾ <u>수해</u>로 집과 차가 물에 잠겼다.

지진(地 땅 지, 震 벼락 진)

화산 활동이나 땅속의 큰 변화 때문에 땅이 흔들리는 현상.

㉾ <u>지진</u>으로 건물이 붕괴되고 도로가 파괴되었다.

폭설(暴 나타낼 폭, 雪 눈 설)

갑자기 많이 내리는 눈.

㉾ <u>폭설</u>로 도로의 통행이 금지되었다.

호우(豪 호걸 호, 雨 비 우)

줄기차게 내리는 크고 많은 비.

비슷한말 억수, 장대비, 폭우

㉾ <u>호우</u>가 계속되어 우산을 써도 소용이 없었다.

재해(災 재앙 재, 害 해로울 해)

뜻하지 않게 일어난 불행한 사고나 지진, 홍수, 태풍 등의 자연 현상으로 인한 피해.

㉾ <u>재해</u>에 미리 대비하여 피해를 줄여야 한다.

<u>가뭄</u> 때문에 강물이 불어났어.

( )

<u>지진</u>으로 건물이 무너졌어.

( )

<u>호우</u>가 쏟아져서 공기가 건조해.

( )

1 다음 낱말의 뜻으로 알맞은 것을 찾아 ○표 하세요.

어휘
확인

(1) 수해
ㄱ 장마나 홍수로 인한 피해. ( )
ㄴ 서늘한 날씨 때문에 입는 피해. ( )

(2) 재해
ㄱ 꽃이나 농작물 등이 균이나 벌레 때문에 입는 피해. ( )
ㄴ 뜻하지 않게 일어난 불행한 사고나 지진, 홍수, 태풍 등의 자연 현상으로 인한 피해. ( )

2 다음 중 '가뭄'의 뜻을 바르게 쓴 비눗방울을 찾아 ○표 하세요.

어휘
확인

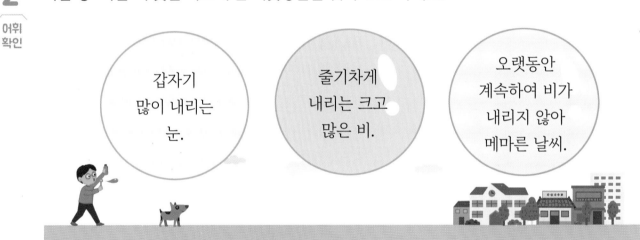

갑자기 많이 내리는 눈.

줄기차게 내리는 크고 많은 비.

오랫동안 계속하여 비가 내리지 않아 메마른 날씨.

3 다음 중 빈칸에 '재해'가 들어가기에 알맞은 문장을 보기 에서 찾아 기호를 쓰세요.

어휘
적용

┌─ 보기 ─┐
ㄱ 친구끼리 장난을 치다가 ( )가 일어났다.
ㄴ 할머니께서는 언제나 우리 가족의 ( )를 빌어 주신다.
ㄷ 지진으로 인해 ( )를 입은 사람들을 위해 모금 운동을 벌였다.

( )

4 다음 낱말이 들어갈 문장을 찾아 선으로 이으세요.

(1) 호우 •

• ㉮ 장마철 (   )(으)로 강물이 급작스럽게 불어났다.

(2) 폭설 •

• ㉯ 간밤에 (   )이/가 발생해서 건물이 심하게 흔들렸다.

(3) 지진 •

• ㉰ 어제 내린 (   )(으)로 길이 얼어붙어 미끄러우니 천천히 운전하세요.

5 다음 글에서 밑줄 친 낱말과 뜻이 반대인 낱말을 찾아 쓰세요.

시골에서 한 농부 아저씨를 만났다. 농부 아저씨는 여름 장마가 오기 전까지 <u>가뭄</u>이 계속될 것이라고 말씀하시며 한숨을 내쉬었다. 가뭄이 계속되면 곡식이 말라 죽기 때문이다.

(   )

관용 표현
6 다음 글의 밑줄 친 부분에 어울리는 한자 성어를 찾아 ○표 하세요.

정부는 나라와 관련 있는 여러 가지 일을 처리하는 기관이다. 먼저, 정부는 사회의 질서를 지키는 일을 한다. 또, 국민들을 보호하는 일을 한다. 예를 들어 <u>**지진**</u>이나 <u>홍수,</u> <u>태풍 등의 **재해**</u>로 국민들이 입는 피해를 줄이기 위해 여러 가지 계획을 마련한다.

(1) 사면초가(四面楚歌): 아무에게도 도움을 받지 못하는 어려운 상황.   (   )
(2) 오리무중(五里霧中): 무슨 일에 대해 방향이나 갈피를 잡을 수 없음.   (   )
(3) 천재지변(天災地變): 지진, 홍수, 태풍 등의 자연 현상으로 인한 재앙.   (   )

독해로
어휘 마무리

오늘의
나의 실력은?

최고야

좋았어

힘내자

5주 1일
정답 확인

[7~8] 다음 설명하는 글을 읽고, 물음에 답하세요.

우리는 살아가면서 크고 작은 재해를 겪어요. 그중에서 태풍, **지진, 폭설, 가뭄,** 황사 등과 같이 자연 현상으로 인한 피해를 '자연재해'라고 해요. 우리나라는 계절에 따라 다양한 자연재해가 발생해요.

봄에 주로 발생하는 것은 황사나 가뭄이에요. 황사는 봄에 중국에서 불어오는 모래바람으로, 사람들의 ◆호흡기 건강에 나쁜 영향을 끼쳐요. 가뭄은 비가 적게 내리는 봄과 가을에 발생하는데 가뭄이 심하면 마실 물이 부족해지고, 산불이 일어나기 쉬워요.

◆강수량이 많아지는 여름철에는 **호우**가 발생해요. 짧은 시간에 비가 많이 와서 집이나 논밭이 물에 잠기는 등 (㉠   )가 날 수 있어요. 여름에서 이른 가을 사이에는 태풍도 발생해요. 많은 비와 강한 바람이 사람들에게 큰 피해를 입히지요.

겨울에는 **폭설**이 내리기도 해요. 한 번에 너무 많은 눈이 내려 교통이 끊기고, 눈사태가 일어나기도 하지요.

이 외에도 지진과 같이 계절과 상관없는 자연재해가 발생하기도 해요.

◆**호흡기**: 사람이나 동물의 몸에서 숨을 쉬는 일을 맡은 기관.
◆**강수량**: 일정한 기간 동안 일정한 곳에 비나 눈 등이 내려 생기는 물의 양.

7 ㉠에 들어갈 알맞은 낱말을 모두 고르세요. (,   )

① 방수   ② 방해   ③ 수해
④ 물난리   ⑤ 산사태

8 자연재해와 그 피해를 알맞게 짝 짓지 **못한** 것은 무엇인가요? (   )

① 폭설: 교통이 끊긴다.
② 호우: 집이 물이 잠긴다.
③ 태풍: 눈사태가 일어난다.
④ 가뭄: 산불이 발생하기 쉽다.
⑤ 황사: 사람들의 호흡기 건강에 나쁜 영향을 끼친다.

5주 2일 자연재해와 관련된 말 ②

✏️ 다음 낱말의 뜻을 보고, 초성에 알맞은 말을 써넣으세요.

태풍 때문에 발생한 다리 ㅂㄱ 로 사람들이 다쳤대요.

태풍의 ㄱㅁ 가 정말 컸어.

강 건너로 갈 수 있는 교통이 ㅁㅂ 되었어요.

태풍의 ㅇㄹ 이 대단해서 정말 무서웠어요.

얼마 전에도 태풍 때문에 피해를 입었는데, 태풍이 너무 ㅂㅂ 해.

ㄴㅅ 대는 강물이 금방이라도 넘쳐흐를 것 같아요.

오늘의 어휘

• **규모**(規 법 규, 模 법 모): 사물이나 현상의 크기나 범위. [비슷한말] 크기

• **넘실대다**: 물결 등이 자꾸 부드럽게 굽이쳐 움직이다. [비슷한말] 넘실거리다

• **마비**(痲 저릴 마, 痺 저릴 비)**되다**: 어떤 일에 문제가 생겨 제 기능을 하지 못하게 되다. [비슷한말] 정지되다

• **붕괴**(崩 무너질 붕, 壞 무너질 괴): 무너지고 깨어짐.

• **빈번**(頻 자주 빈, 繁 많을 번)**하다**: 어떤 일이나 현상 등이 일어나는 횟수가 많다.
[비슷한말] 잦다 [반대말] 드물다

• **위력**(威 위엄 위, 力 힘 력): 상대방을 눌러 꼼짝 못 하게 할 만큼 매우 강력함. 또는 그런 힘.
[비슷한말] 힘, 위세

1 다음 낱말의 알맞은 뜻을 찾아 선으로 이으세요.

(1) 규모 •

(2) 위력 •

(3) 붕괴 •

• ㉮ 무너지고 깨어짐.

• ㉯ 사물이나 현상의 크기나 범위.

• ㉰ 상대방을 눌러 꼼짝 못 하게 할 만큼 매우 강력함. 또는 그런 힘.

2 다음 밑줄 친 낱말의 뜻에 맞게 (   )에서 알맞은 낱말을 찾아 ○표 하세요.

(1) 바람이 불 때마다 강물이 <u>넘실대었다</u>.

➡ 물결 등이 자꾸 (강하게, 부드럽게) 굽이쳐 움직였다.

(2) 올봄에는 화재가 <u>빈번하게</u> 발생하고 있다.

➡ 어떤 일이나 현상 등이 일어나는 횟수가 (많게, 적게).

3 다음 중 밑줄 친 낱말의 쓰임이 알맞지 <u>않은</u> 문장을 보기에서 찾아 기호를 쓰세요.

보기

㉠ 엄청난 <u>위력</u>을 가진 무기가 개발되었다.
㉡ 바지의 <u>규모</u>가 너무 길어서 바닥에 질질 끌린다.
㉢ 농부 아저씨는 가을바람에 곡식들이 <u>넘실대는</u> 모습을 흐뭇하게 바라보셨다.

(   )

4 다음 문장의 빈칸에 공통으로 들어갈 낱말을 알맞게 쓴 비눗방울을 찾아 ○표 하세요.

어휘
적용

• 갑자기 내린 폭설로 기차 운행이 ☐☐ 되었다.

• 여름 휴가철이 되어 교통이 더욱 심각하게 ☐☐ 되었다.

관리   금지   마비   준비

5 다음 중 뜻이 비슷한 낱말끼리 짝 지어진 것은 무엇인가요? (   )

어휘
확장

| ㉠ 위력 – 실력 | ㉡ 규모 – 크기 | ㉢ 빈번하다 – 드물다 |

① ㉠   ② ㉡   ③ ㉠, ㉡
④ ㉠, ㉢   ⑤ ㉡, ㉢

관용 표현

6 다음 글의 내용에 어울리는 한자 성어를 찾아 ○표 하세요.

　　지난 14일 부산의 한 화재 현장에서 소방관 두 명이 목숨을 잃는 사고가 발생했다. 이들은 십여 명의 사람을 구한 뒤, 혹시 남아 있는 사람이 있는지 확인하기 위해 **붕괴** 위험이 있는 건물에 들어갔다 빠져나오지 못한 것으로 전해졌다.

(1) 살신성인(殺身成仁): 자기 자신을 희생하여 어진 행동을 함.   (   )

(2) 구사일생(九死一生): 죽을 뻔한 상황을 여러 번 넘기고 겨우 살아남.   (   )

(3) 개과천선(改過遷善): 잘못이나 못된 마음을 고쳐 올바르고 착하게 됨.   (   )

[7~8] 다음 견학 기록문을 읽고, 물음에 답하세요.

　　지난 주말에 친구들과 함께 제주 안전 체험관에 다녀왔다. 제주 안전 체험관은 여러 재난과 사고에 ◆대처하는 방법을 체험을 통해 배울 수 있는 곳이다.

　　체험관에 도착해 보니 생각보다 훨씬 **규모**가 컸다. 우리는 여러 체험 중 태풍·선박 체험을 하기로 했다. 먼저 ◆선박을 이용하다 사고가 발생했을 때 ◆생존하는 법에 대해 배웠다. 구명조끼를 입고 탈출하는 체험도 했는데, 실제로 **넘실대는** 파도에 뛰어든다면 정말 무서울 것 같았다.

　　다음으로 태풍의 발생 원인과 피해 등에 대해 알아보는 시간을 가졌다. 우리나라에 가장 큰 피해를 주는 자연재해는 태풍이다. 최근에는 지구 온난화의 영향으로 태풍이 ㉠**빈번하게** 발생하고 그 **위력**도 커지고 있다고 한다. 직접 바람과 비를 맞으며 태풍 체험을 해 보니 태풍의 위력이 얼마나 센지 짐작이 되었다.

　　체험을 마무리하고 집에 돌아오면서 자연의 무서움과 안전의 소중함을 잊지 말아야겠다는 생각을 했다.

◆ **대처하는:** 어떤 어려운 일이나 상황을 이겨 내기에 알맞게 행동하는.
◆ **선박:** 사람이나 짐 등을 싣고 물 위로 떠다니도록 나무나 쇠 따위로 만든 물건.
◆ **생존하는:** 살아 있거나 살아남는.

7 ㉠'빈번하게'와 뜻이 비슷한 낱말을 보기 에서 찾아 쓰세요.

보기
많게, 멀게, 잦게, 드물게

(　　　　　　　　)

8 글쓴이가 제주 안전 체험관에 가서 한 일이 아닌 것은 무엇인가요? (　　　　)

① 바람과 비를 맞으며 태풍 체험을 했다.
② 구명조끼를 입고 탈출하는 체험을 했다.
③ 태풍의 발생 원인과 피해 등에 대해 배웠다.
④ 실제로 넘실대는 파도에 뛰어드는 훈련을 했다.
⑤ 선박을 이용하다 사고가 났을 때 생존하는 법에 대해 배웠다.

자연재해와 관련된 말 ❸

✏️ 다음 낱말이 사용된 상황을 보고, 초성에 알맞은 낱말을 써넣어 짧은 글을 완성하세요.

오늘의 어휘

• **고초**(苦 괴로울 고, 楚 가시나무 초): 괴로움과 어려움을 아울러 이르는 말. [비슷한말] 고난

• **대책**(對 대답할 대, 策 꾀 책): 어려운 상황을 이겨낼 수 있는 계획. [비슷한말] 대안, 해결책, 방안

• **복구**(復 돌아올 복, 舊 옛 구)**하다**: 고장 나거나 파괴된 것을 이전의 상태로 되돌리다. [비슷한말] 되돌리다, 복원하다

• **요령**(要 중요할 요, 領 거느릴 령): 경험을 통해 얻은 이치나 방법. [비슷한말] 방법

• **이재민**(罹 근심 이, 災 재앙 재, 民 백성 민): 재해를 입은 사람. [비슷한말] 난민

• **인명**(人 사람 인, 命 목숨 명): 사람의 목숨.

📝 **짧은 글짓기**

① 산불 때문에 근처 마을에 [ㅇ][ㅈ][ㅁ] 이 발생했습니다.

② 삼촌께서 억울하게 범인으로 몰려 [ㄱ][ㅊ] 를 겪으셨습니다.

③ 태풍으로 무너진 다리를 [ㅂ][ㄱ] 하기 위해 많은 사람들이 힘을 쏟고 있습니다.

1 다음 낱말의 뜻을 보기 에서 찾아 기호를 쓰세요.

어휘
확인

보기

㉠ 사람의 목숨.
㉡ 경험을 통해 얻은 이치나 방법.
㉢ 어려운 상황을 이겨낼 수 있는 계획.
㉣ 괴로움과 어려움을 아울러 이르는 말.

(1) 고초 (　　　　　　) (2) 대책 (　　　　　　)
(3) 요령 (　　　　　　) (4) 인명 (　　　　　　)

2 다음 낱말의 뜻에 맞게 (　　　)에서 알맞은 낱말을 찾아 ○표 하세요.

어휘
확인

(1) 　　이재민　　(은혜, 재해)를 입은 사람.

(2) 　　복구하다　　고장 나거나 파괴된 것을 이전의 상태로 (되돌리다, 되새기다).

3 다음 중 밑줄 친 낱말을 알맞게 사용하여 말한 친구에게 모두 ○표 하세요.

어휘
적용

기계에 <u>요령</u>이 생겨서 사용할 수 없어.

끊어진 다리를 <u>복구하고</u> 있어.

이번 물난리로 <u>이재민</u>이 많이 생겼어.

(　　　　)

(　　　　)

(　　　　)

4 다음 문장에 어울리는 낱말을 **보기**에서 찾아 빈칸에 쓰세요.

어휘
적용

보기

고초, 대책, 인명

(1) 학교 폭력을 없애기 위한 (   )을/를 마련해야 한다.

(2) 구조대가 빨리 도착하여 많은 (   )을/를 구조할 수 있었다.

(3) 할아버지께서는 전쟁터에 끌려가 온갖 (   )을/를 겪으셨다.

5 다음 밑줄 친 낱말과 뜻이 비슷한 낱말은 무엇인가요? (   )

어휘
확장

    우리 동네 주민들의 쉼터인 ○○공원에 사람들이 쓰레기를 함부로 버려 지저분하고 냄새가 납니다. 주민들의 휴식 공간을 쾌적하게 관리하기 위한 <u>대책</u>을 마련해야 합니다.

① 대비   ② 대중   ③ 방안

④ 실책   ⑤ 제시

관용 표현

6 다음 빈칸에 들어갈 속담으로 알맞은 것을 찾아 ○표 하세요.

    이순신은 고작 10여 척의 배로 300척이 넘는 배를 갖춘 일본군과 싸워야 했다. [   ] 인 상황이었기 때문에 획기적인 **대책**이 필요했다. 이순신은 깊은 고민 끝에 물살이 빠르고 폭이 좁은 울돌목(명량)으로 적을 끌어들여 물리치는 작전을 생각해 냈고, 결국 승리를 거두었다. 이것이 바로 명량 대첩이다.

(1) 도토리 키 재기: 정도가 고만고만한 사람끼리 서로 다툼을 이르는 말.   (   )

(2) 고양이 목에 방울 달기: 실행하기 어려운 것을 공연히 의논함을 이르는 말. (   )

(3) 계란으로 바위 치기: 대항해도 도저히 이길 수 없는 경우를 빗대어 이르는 말.

                                                          (   )

독해로
어휘 마무리

오늘의
나의 실력은?
최고야 좋았어 힘내자

5주 3일
정답 확인

[7~8] 다음 기사문을 읽고, 물음에 답하세요.

| ○○ 어린이 신문 | 20○○년 5월 6일 화요일 |

　강원도 ○○시에 대형 산불이 발생한 지 한 달이 됐다. 이번 산불로 인명 피해는 발생하지 않았지만, 불은 축구장 530개 규모의 산림을 잿더미로 만들었고, 주택과 펜션 등 건축물 266동에 피해를 입혔다.

　산불로 살 곳을 잃은 주민들의 ⏣**고초**는 지금도 계속되고 있다. 그동안 ◆임시 대피소에서 불편한 생활을 해 왔지만, 그마저도 곧 운영이 종료돼 다른 곳으로 옮겨야 하는 상황이다. 이에 ○○시는 **이재민**들이 이후 머물 수 있는 조립식 주택을 만드는 등 피해를 **복구하기** 위해 서두르고 있다.

　전국 ◆각지에서 따뜻한 도움의 손길도 이어지고 있다. ○○시에 따르면 재해 구호 협회와 사회복지공동모금회 등으로부터 들어온 성금이 227억 원에 달한다.

　○○시 관계자는 "이번 산불로 피해를 입은 주민들이 더 이상 ⏥**고난**을 겪지 않고 하루빨리 평범한 일상으로 돌아갈 수 있도록 최선을 다하겠다."라고 말했다.

◆**임시**: 미리 얼마 동안으로 정하지 아니한 잠시 동안.

◆**각지**: 각 지방. 또는 여러 곳.

7　짝 지은 낱말의 관계가 ⏣, ⏥과 다른 것을 보기에서 찾아 기호를 쓰세요.

보기

㉮ 요령 – 방법　　㉯ 대책 – 대안　　㉰ 이재민 – 원주민

(　　　　　　　)

8　○○시에서 발생한 산불에 대한 내용으로 알맞은 것을 모두 고르세요. (　　　,　　　)

① 27명이 목숨을 잃었다.

② 임시 대피소가 곧 문을 닫는다.

③ 사람들이 전혀 관심을 가지지 않고 있다.

④ 이재민들을 위한 조립식 주택이 지어지고 있다.

⑤ 축구장 100개 규모의 지역에 있는 집들이 모두 탔다.

자연재해와 관련된 말 ❹

✏️ 다음 낱말이 사용된 상황을 보고, 뜻에 맞는 낱말을 써넣어 사전을 완성하세요.

어휘사전

❶ ㄱ ㅅ (改 고칠 개, 善 착할 선)
: 잘못된 것이나 부족한 것, 나쁜 것 등을 고쳐 더 좋게 만듦. 비슷한말 보완

❷ ㄱ ㅅ (工 장인 공, 事 일 사)
: 시설이나 건물 등을 새로 짓거나 고침.

❸ ㄷ
: 강이나 바닷물을 막아 물의 양을 조절하고 전기를 일으키기 위해 쌓은 둑.

❹ ㅇ ㅅ (流 흐를 유, 失 잃을 실)되다
: 떠내려가서 없어지다.
비슷한말 떠내려가다

❺ ㅈ ㅂ (整 가지런할 정, 備 갖출 비)
: 도로나 시설이 제 기능을 하도록 정리함. 비슷한말 정리

❻ ㅈ ㅅ (正 바를 정, 常 항상 상)
: 특별히 바뀌어 달라진 것이나 탈이 없이 제대로인 상태. 반대말 이상, 비정상

1 다음 뜻을 가진 낱말을 보기 에서 찾아 쓰세요.

어휘
확인

> **보기**
>
> 공사, 정비, 정상

(1) 시설이나 건물 등을 새로 짓거나 고침. ( )

(2) 도로나 시설이 제 기능을 하도록 정리함. ( )

(3) 특별히 바뀌어 달라진 것이나 탈이 없이 제대로인 상태. ( )

2 다음 낱말의 뜻에 맞게 ( )에서 알맞은 낱말을 찾아 ○표 하세요.

어휘
확인

(1) 유실되다 ➡ 떠내려가서 (젖다, 없어지다).

(2) 댐 ➡ 강이나 바닷물을 막아 물의 (양, 세기)을/를 조절하고 전기를 일으키기 위해 쌓은 둑.

3 다음 ㉠과 ㉡에 들어갈 낱말을 알맞게 짝 지은 것은 무엇인가요? ( )

어휘
적용

> 일주일 넘게 계속된 큰비로 도로가 (㉠)되어 학생들이 며칠 동안 학교에 가지 못했다. 다행히 도로 복구공사가 마무리되어 내일부터는 (㉡) 수업을 할 수 있게 되었다.

	㉠	㉡
①	건립	특수
②	건설	정상
③	파괴	공사
④	유실	정상
⑤	유실	비정상

4 다음 낱말이 들어갈 문장을 찾아 선으로 이으세요.

(1) 개선 •

• ㉮ 막힌 수도관부터 (   )을/를 하자.

(2) 정비 •

• ㉯ 하천의 수질 (   )을/를 위해 마을 사람들이 힘을 모았다.

5 다음 밑줄 친 낱말과 뜻이 반대인 낱말이 되도록 빈칸에 알맞은 글자를 쓰세요.

계속되는 폭우로 이틀간 제주도발 비행기가 대부분 결항되었다. 제주도를 찾은 관광객들은 모두 제주 공항에 발이 묶이고 말았다. 다행히 비가 잦아들어 오늘 저녁부터는 비행기가 <u>정상</u> 운행될 예정이다.

[   ]정상

관용 표현

6 다음 밑줄 친 속담을 사용할 수 있는 상황으로 알맞은 것은 무엇인가요? (   )

호미와 가래는 논두렁을 만들거나 물길 **정비**를 할 때 흙을 떠내는 농기구이다. 호미는 혼자 간단히 사용할 수 있지만, 가래는 여럿이 함께 사용해야 한다. '<u>호미로 막을 것을 가래로 막는다</u>'는 속담은 호미로 간단히 처리할 수 있는 일을 내버려 두었다가 가래로 처리하게 된다는 뜻으로, 커지기 전에 처리했으면 쉽게 해결되었을 일을 내버려 두었다가 나중에 큰 힘을 들이게 된 경우를 빗대어 이르는 말이다.

① 친구가 내 비밀을 다른 친구에게 말한 상황
② 친구에게 준비물을 빌려주었다가 큰 선물을 받게 된 상황
③ 너무 배가 고파서 동생에게 간식을 나누어 줄 수 없는 상황
④ 이가 조금 썩었을 때 치과에 가지 않았다가 이를 뽑게 된 상황
⑤ 동생이 아끼는 장난감을 망가뜨려서 동생을 보고 괜히 긴장하는 상황

독해로
어휘 마무리

오늘의
나의 실력은?   최고야 좋았어 힘내자

5주 4일
정답 확인

[7~8] 다음 주장하는 글을 읽고, 물음에 답하세요.

우리나라 각 지역에는 크고 작은 **댐**들이 건설되어 있다. 댐이 홍수로 각종 시설물들이 ㉠유실되는 것을 막거나 가뭄을 ㉡예방하고 농사에 필요한 물을 대며 전기를 생산하는 역할을 하기 때문이다. 하지만 이제 더 이상 댐을 건설하면 안 된다.

그 까닭은 첫째, 댐은 환경을 ㉢파괴시킨다. 물의 흐름을 막기 때문에 생태계의 질서를 무너뜨리고, 수질도 오염시킨다. 2007년 미국의 한 지역에서는 댐 건설 후 연어가 멸종 위기에 놓이자 댐을 부수었다. 그 결과 물길이 ㉣회복되면서 연어가 돌아와 강 상류 지역의 생태계가 ㉤**개선**이 되었다.

둘째, 댐 건설로 물에 잠기는 지역이 생긴다. 댐이 생기는 지역에 살던 주민들은 자신들이 살던 곳을 떠나야 하고, 소중한 문화재도 물속에 잠길 수 있다.

셋째, 댐 건설로 커다란 호수가 생기면 지역의 기후가 변할 수 있다. 안개가 많이 발생해 일조량이 줄고 기온이 내려가며 농작물에도 피해를 줄 수 있다.

이렇듯 댐은 다양한 역할을 하지만 여러 가지 문제점도 있다. 따라서 댐을 건설하지 말아야 한다.

✦**일조량:** 햇볕이 비치는 양.

7 ㉠~㉤ 중 다음 밑줄 친 낱말과 뜻이 비슷한 낱말을 찾아 기호를 쓰세요.

(1) 이 글은 문제점이 몇 가지 있으니 <u>보완</u>을 하는 것이 좋겠다.   (   )

(2) 비가 와서 강의 다리가 <u>떠내려가는</u> 것을 막기 위해 다리를 튼튼하게 지어야 한다.   (   )

8 이 글에서 말한 댐을 건설하지 말아야 하는 까닭을 모두 고르세요.   (,   ,   )

① 환경을 파괴시킨다.   ② 홍수와 가뭄이 발생한다.
③ 전기 생산량이 줄어든다.   ④ 물에 잠기는 지역이 생긴다.
⑤ 지역의 기후가 변할 수 있다.

자연재해와 관련된 말

✏️ 다음 뜻에 알맞은 낱말을 가로, 세로, 대각선으로 찾아 연결하세요.

댐	수	규	모	개	방	복	폭	우
재	해	칙	범	선	정	구	건	설
위	요	령	고	마	비	되	다	질
력	가	태	유	실	되	다	산	빈
사	뭄	풍	홍	이	재	민	사	번
대	책	붕	수	지	구	방	태	하
피	하	다	괴	진	넘	실	대	다

 **낱말 뜻**

1 무너지고 깨어짐.
2 떠내려가서 없어지다.
3 갑자기 많이 내리는 눈.
4 장마나 홍수로 인한 피해.
5 도로나 시설이 제 기능을 하도록 정리함.
6 물결 등이 자꾸 부드럽게 굽이쳐 움직이다.
7 어떤 일이나 현상 등이 일어나는 횟수가 많다.
8 오랫동안 계속하여 비가 내리지 않아 메마른 날씨.
9 어떤 일에 문제가 생겨 제 기능을 하지 못하게 되다.
10 뜻하지 않게 일어난 불행한 사고나 지진, 홍수, 태풍 등의 자연 현상으로 인한 피해.

[1~2] 다음에 제시된 낱말과 뜻이 비슷한 낱말을 글에서 찾아 쓰세요.

1

수리부엉이는 천연기념물로 지정돼 보호해야 하는 대상이지만 그 수가 점점 줄고 있다. 계속되는 산림 개발로 살 곳을 잃고 있기 때문이다. 더 늦기 전에 훼손된 숲을 되돌리기 위한 노력이 필요하다.

복구하기 ━ [   ]

2

○○시는 갑작스럽게 많은·비가 내리는 집중 호우의 피해를 막기 위한 방안으로 빗물 펌프장을 지었다. 빗물 펌프장을 지으면 빗물을 모았다가 내보낼 수 있어서 주변 지역이 물에 잠기는 것을 막을 수 있다.

대책 ━ [   ]

[3~4] 다음 밑줄 친 낱말과 뜻이 반대되는 낱말을 찾아 ○표 하세요.

3

오늘날 많은 사람들이 굶주림으로 고통받고 있어요. 특히 경제적으로 어려운 나라들에서는 가뭄이나 홍수와 같은 자연재해가 <u>빈번하게</u> 일어나고 농업 시설이 부족해 많은 사람들이 식량 부족에 시달리고 있어요.

자주   드물게   머물게   이롭게

4

하루 중 최고 기온이 33도 이상으로 올라가는 폭염에 야외 활동을 하면 열사병이나 일사병과 같은 온열 질환을 앓을 수 있다. 바깥의 뜨거운 열기로 체온이 <u>정상</u>보다 지나치게 높아지면 정신을 잃을 수도 있으므로 주의해야 한다.

가상   이상   항상   향상

[5~6] 다음 글의 빈칸에 들어갈 알맞은 낱말을 찾아 ✓표 하세요.

5

전기문은 인물이 살아온 과정을 역사적 사실에 근거해 쓴 글이다. 인물의 성장 과정, ☐☐☐ 을/를 이겨 내는 과정, 훌륭한 업적을 이루기 위해 쏟은 노력, 도전 정신 등에 대한 내용을 읽으면서 교훈을 얻을 수 있다.

① 개선   ② 고초   ③ 기회
④ 요령   ⑤ 유실

6

한국 양궁 대표팀이 목표로 세웠던 올림픽 2회 연속 전 종목 금메달 획득에 실패했다. 남자 대표팀이 아쉽게도 개인전 메달을 놓쳤기 때문이다. 그러나 금메달 4개를 휩쓸며 한국 양궁의 ☐☐☐ 을/를 보여 주었다.

① 단점   ② 마비   ③ 위력
④ 재해   ⑤ 정비

7 다음 글을 통해 글쓴이가 하고 싶은 말은 무엇인가요? (   )

지진이 발생하면 각종 시설이 무너져 인명과 재산에 큰 피해를 입히기도 한다. 그러나 내진 설계를 하면 그 피해를 줄일 수 있다. 내진 설계는 지진에 견딜 수 있도록 건물의 구조를 튼튼하게 하는 것을 말한다. 2010년 초 아이티와 칠레에서 잇따라 강한 지진이 일어났지만 그 피해 규모는 상당히 달랐다. 칠레보다 아이티의 지진 규모가 작았지만 사망자는 훨씬 많았다. 여러 가지 이유가 있지만 그중 하나가 바로 내진 설계이다. 그동안 지진이 자주 일어났던 칠레는 건물을 지을 때 지진에 대비한 내진 설계를 했지만, 아이티는 그렇지 못했기 때문이다. 이처럼 내진 설계는 우리 모두의 안전을 위해 중요하다.

① 내진 설계를 해야 한다.   ② 지진 발생을 막아야 한다.
③ 건물을 낮게 지어야 한다.   ④ 어려운 나라를 도와야 한다.
⑤ 지진 대피 요령을 알아 두어야 한다.

한 걸음 더!

◯ '災'(재)가 들어간 낱말은 '재앙, 재난'과 관련 있어요. '災'(재)가 들어간 낱말을 알아보아요.

재앙
뜻하지 않게 생긴 불행한 사고.
또는 천재지변으로 인한 불행한 사고.

화재
집이나 물건이 불에 타는
재앙이나 재난.

災
재앙 재

수재
비가 많이 와서
일어난 재난.

방재
폭풍, 홍수, 지진, 화재 등의
재난을 막는 것.

Q 다음 문장에 알맞은 낱말을 찾아 ◯표 하세요.

(1) 산불을 대비한 소방 (방재, 수재) 훈련을 했다.

(2) 이번 비로 강이 넘치는 심각한 (수재, 화재)가 발생했다.

(3) 환경 오염은 우리에게 엄청난 (방재, 재앙)을/를 가져올 수 있다.

신비로운 지구, 우주와 관련된 말 ①

6주 1일

다음 낱말이 사용된 상황을 보고, 뜻에 맞는 낱말을 써넣어 사전을 완성하세요.

화성은 태양계의 네 번째 행성이에요.

화성 탐사선이 화성에 착륙해 화성의 자연환경을 관측해 왔어요.

화성의 사진을 보내오고 화성 표면의 온도, 바람의 속도 등을 측정했지요.

사람이 직접 방문해 탐사할 수 있도록 많은 나라들이 연구를 계속하고 있답니다.

화성은 삭막하기만 한 곳인 줄 알았는데, 여러 가지 특성을 가지고 있어 신기해요.

어휘 사전

❶ ㄱ ㅊ (觀 볼 관, 測 잴 측)**하다**
: 자연 현상을 기계를 이용하거나 눈으로 자세히 살펴보아 어떤 사실을 짐작하거나 알아내다. [비슷한말] 관찰하다

❷ ㅅ ㅁ (索 동아줄 삭, 莫 없을 막)**하다**
: 쓸쓸하고 황폐하다.

❸ ㅊ ㄹ (着 붙을 착, 陸 뭍 륙)**하다**
: 비행기 등이 공중에서 활주로나 판판한 곳에 내리다.
[비슷한말] 착지하다 [반대말] 이륙하다

❹ ㅊ ㅈ (測 잴 측, 定 정할 정)**하다**
: 일정한 양을 기준으로 하여 같은 종류의 다른 양의 크기를 재다.
[비슷한말] 재다, 측량하다

❺ ㅌ ㅅ (探 찾을 탐, 査 조사할 사)**하다**
: 알려지지 않은 사물이나 사실 등을 샅샅이 더듬어 조사하다.
[비슷한말] 조사하다, 탐색하다, 탐험하다

❻ ㅌ ㅇ ㄱ
(太 클 태, 陽 볕 양, 系 이을 계)
: 태양과 그것을 중심으로 돌고 있는 지구를 비롯한 천체의 집합.

1 다음 낱말의 뜻을 보기 에서 찾아 기호를 쓰세요.

어휘
확인

보기

㉠ 쓸쓸하고 황폐하다.
㉡ 알려지지 않은 사물이나 사실 등을 샅샅이 더듬어 조사하다.
㉢ 일정한 양을 기준으로 하여 같은 종류의 다른 양의 크기를 재다.
㉣ 자연 현상을 기계를 이용하거나 눈으로 자세히 살펴보아 어떤 사실을 짐작하거나
  알아내다.

(1) 관측하다 (   )   (2) 측정하다 (   )
(3) 탐사하다 (   )   (4) 삭막하다 (   )

2 다음 밑줄 친 낱말의 뜻에 맞게 알맞은 낱말을 찾아 ○표 하세요.

어휘
확인

(1)   헬리콥터가 활주로에 안전하게 <u>착륙했다</u>.

➡ 비행기 등이 공중에서 활주로나 판판한 곳에 (내렸다, 올라갔다).

(2)   과학 시간에 <u>태양계</u>에 대해 배웠다.

➡ 태양과 그것을 중심으로 (돌고, 멈춰) 있는 지구를 비롯한 천체의 집합.

3 다음 밑줄 친 낱말을 알맞게 사용하였으면 🍌 에 ○표, 알맞지 <u>않으면</u> 🍌 에 ○표 하세요.

어휘
적용

(1) <u>태양계</u>에는 태양과 여덟 개의 행성이 있다.   🍌 , 🍌

(2) 소아과에 가면 제일 먼저 체온을 <u>탐사한다</u>.   🍌 , 🍌

4 다음 대화의 빈칸에 들어갈 낱말로 알맞은 것은 무엇인가요? (   )

어휘
적용

> 도하: 엄마, 사막은 어떤 곳이에요?
> 엄마: 비가 아주 적게 내려서 동식물이 거의 살지 않고 모래로 뒤덮인 [　　　　] 땅이지.

① 삭막한   ② 유쾌한   ③ 즐거운

④ 활기찬   ⑤ 흥겨운

5 다음 밑줄 친 낱말과 뜻이 비슷한 낱말을 찾아 선으로 이으세요.

어휘
확장

(1) 망원경으로 혜성을 <u>관측하다</u>. •   • ㉮   재다

(2) 땅속에 묻힌 석유를 <u>탐사하다</u>. •   • ㉯   탐색하다

(3) 학교에서 집까지의 거리를 <u>측정하다</u>. •   • ㉰   관찰하다

관용 표현

6 다음 밑줄 친 관용어의 뜻으로 알맞은 것을 찾아 ○표 하세요.

> 별을 **관측하다** 보면 <u>눈에 띄게</u> 밝은 별이 있다. 만약 초저녁의 서쪽 하늘이나 새벽의 동쪽 하늘에 그런 별이 있다면 금성이라고 생각하면 된다. 금성이 가장 밝을 때는 태양과 달 다음으로 밝다.

(1) 두드러지게 드러나다.   (　　　)

(2) 정신을 차리고 주의를 기울이다.   (　　　)

(3) 어떤 모습이 잊히지 않고 머릿속에 뚜렷하게 떠오르다.   (　　　)

독해로
어휘 마무리

오늘의
나의 실력은?
최고야 좋았어 힘내자

6주 1일
정답 확인

[7~8] 다음 전기문을 읽고, 물음에 답하세요.

닐 암스트롱은 어렸을 때부터 비행기에 관심이 많아 대학에서 항공 관련 공부를 했다. 전투 비행사가 되어 6.25 전쟁에서 활약하기도 했고, 이후 미국 항공 우주국(NASA)의 달 탐사 계획에 참여해 우주 비행사가 되었다.

1969년 7월 20일 오후 10시 56분, 닐 암스트롱이 탄 아폴로 11호의 달 착륙선인 이글호는 무사히 달에 ㉠**착륙했다**. 아폴로 11호의 선장이었던 닐 암스트롱은 인류 최초로 달에 첫발을 내디뎠다. 닐 암스트롱이 달을 밟으며 말한 소감은 매우 감동적이었다.

"이것은 한 인간에게는 작은 한 걸음이지만, 인류에게는 위대한 도약이 될 것입니다."

닐 암스트롱은 약 두 시간 반 동안 달을 **탐사하고** 무사히 지구로 돌아왔다.

아폴로 11호가 최초로 인류를 달에 보낸 후 인류가 달 착륙에 성공하는 일은 또 일어났고, **태양계**의 여러 행성으로 인류를 보내기 위한 노력이 계속되고 있다. 우주를 향한 인류의 도전은 끝없이 이어지고 있다.

✦ **소감:** 마음에 느낀 바.
✦ **도약:** 더 높은 단계로 발전하는 것을 빗대어 이르는 말.
✦ **행성:** 중심 별이 강하게 끌어당기는 힘 때문에 타원형의 궤도를 그리며 중심 별의 주위를 도는 천체.

7 ㉠'착륙했다'와 뜻이 비슷한 낱말은 무엇인가요? (   )

① 정지했다   ② 도착했다   ③ 착지했다
④ 비행했다   ⑤ 출발했다

8 닐 암스트롱에 대한 설명으로 알맞은 것은 무엇인가요? (   )

① 6.25 전쟁 중에 사망하였다.
② 인류 최초로 달을 밟은 사람이다.
③ 우연히 항공 관련 공부를 하게 되었다.
④ 많은 돈을 벌기 위해 우주 비행사가 되었다.
⑤ 이글호를 타고 달에 착륙했지만 돌아오지 못했다.

신비로운 지구, 우주와 관련된 말 ②

✏️ 다음 낱말의 뜻을 보고, 초성에 알맞은 말을 써넣으세요.

지구에 대해 이야기해 봅시다

지구는 태양의 주위를 ㅎㅈ 하는 공전을 해.

지구의 ㄷㄱ 는 사람들에게 산소를 공급해.

지구의 ㅍㅁ 은 약 70퍼센트가 바다야.

지구는 오염되어도 스스로 깨끗해지도록 ㅈㅇ 해.

지구에서 ㅇㅈ 의 면적은 약 30퍼센트밖에 되지 않지.

하지만 지구가 지나치게 오염되면 되돌릴 수 없으므로 오염 물질을 ㄱㅊ 해야 해.

오늘의 어휘

- **감축**(減 덜 감, 縮 오그라들 축)**하다:** 덜어서 줄이다. 비슷한말 줄이다

- **대기**(大 큰 대, 氣 기운 기): 지구를 둘러싸고 있는 모든 공기. 비슷한말 공기

- **육지**(陸 뭍 육, 地 땅 지): 강이나 바다와 같이 물이 있는 곳을 제외한 지구의 겉면. 비슷한말 땅, 내륙, 뭍

- **작용**(作 지을 작, 用 쓸 용)**하다:** 어떠한 현상을 일으키거나 영향을 미치다. 비슷한말 미치다, 기능하다

- **표면**(表 겉 표, 面 낯 면): 사물의 가장 바깥쪽. 또는 가장 윗부분. 비슷한말 겉면, 바깥쪽, 겉, 거죽

- **회전**(回 돌아올 회, 轉 구를 전)**하다:** 어떤 것을 중심으로 하여 그 주위를 빙빙 돌다.
  비슷한말 돌다, 선회하다

1 다음 낱말의 뜻으로 알맞은 것을 찾아 ○표 하세요.

어휘
확인

(1) **작용하다**
- ㉠ 멈추어 있던 자세나 자리가 바뀌다. ( )
- ㉡ 어떠한 현상을 일으키거나 영향을 미치다. ( )

(2) **회전하다**
- ㉠ 어떤 것을 중심으로 하여 그 주위를 빙빙 돌다. ( )
- ㉡ 바퀴나 공 등을 돌던 방향을 바꾸어 반대로 돌리다. ( )

2 다음 낱말의 뜻풀이에 들어갈 알맞은 낱말을 보기에서 찾아 쓰세요.

어휘
확인

보기

공기, 제외, 바깥쪽

(1) 대기: 지구를 둘러싸고 있는 모든 ( ).
(2) 표면: 사물의 가장 ( ). 또는 가장 윗부분.
(3) 육지: 강이나 바다와 같이 물이 있는 곳을 ( )한 지구의 겉면.

3 다음 낱말이 들어갈 문장을 찾아 선으로 이으세요.

어휘
적용

(1) 감축 • • ㉮ 지구는 태양의 주위를 ( )한다.

(2) 작용 • • ㉯ 올해는 쌀 생산량을 ( )하기로 결정했다.

(3) 회전 • • ㉰ 이번 시험에 합격한 데에는 실력보다 운이 많이 ( )한 것 같아.

4 다음 중 빈칸에 '표면'이 들어가기에 알맞지 <u>않은</u> 문장을 보기 에서 찾아 기호를 쓰세요.

어휘
적용

> ─ 보기 ─
> ㉠ 아이들은 선생님을 (　　　　　)으로 삥 둘러앉았다.
> ㉡ 마사지를 하고 나니 피부 (　　　　　)이 매끄러워졌다.
> ㉢ 망원경으로 태양을 보면 (　　　　　)에 검은 점들이 있는 것을 확인할 수 있다.

(　　　　　　　　　)

5 다음 글에서 밑줄 친 낱말과 뜻이 비슷한 낱말을 찾아 쓰세요.

어휘
확장

조난된 배 한 척이 며칠째 바다 위를 떠돌고 있었습니다. 선원들이 모두 지쳐갈 무렵, 한 선원이 <u>육지</u>가 보인다며 소리쳤습니다. 잠시 후, 배는 무사히 해안가에 닿았습니다. 땅에 발을 내딛는 순간, 선원들 모두는 "살았다!"를 외치며 안도했습니다.

(　　　　　　　　　)

관용 표현

6 다음 한자 성어를 사용할 수 있는 상황으로 알맞은 것은 무엇인가요? (　　　　　)

감탄고토(甘呑苦吐)는 달면 삼키고 쓰면 뱉는다는 뜻으로, 자신의 마음에 따라서 일의 옳고 그름을 판단함을 이르는 말이다. 실제 옳고 그름에 관계없이 자신에게 이롭게 **작용하면** 붙었다가 이롭지 않으면 돌아서기도 하는 속 보이는 행동을 가리킬 때 쓰는 말이다.

① 두 친구가 만나기만 하면 싸울 때
② 동생이 내 말을 귀담아듣지 않을 때
③ 부모님께서 할머니, 할아버지께 효도를 하실 때
④ 언니와 오빠가 싸워서 덩달아 자신도 부모님께 혼나게 되었을 때
⑤ 친구가 준비물을 빌려 달라고 할 때는 친한 척하다가 다 쓰고 난 뒤에는 아는 척도 안 할 때

독해로
어휘 마무리

오늘의
나의 실력은?

최고야   좋았어   함내자

6주 2일
정답 확인

[7~8] 다음 글을 읽고, 물음에 답하세요.

지구 **육지 표면**의 31퍼센트를 덮고 있는 것은 숲이다. 숲은 여러 식물과 동물이 서로 관계를 맺으며 살아가는 생태계로, 인간과 환경에게 많은 도움을 준다.

첫째, 숲은 수백만 종의 동물에게 ◆서식지와 먹이를 제공한다. 지구에 살고 있는 동물 종류의 80퍼센트 이상이 숲에서 서식하고 있다. 숲은 특정 지역에서만 서식하는 생물인 ◆고유종과 멸종 위기 동물의 서식도 돕는다.

둘째, 숲은 사람들이 사용할 수 있는 많은 자원을 제공하고, 사람들은 숲에서 다양한 활동을 할 수 있다. 사람들은 숲에서 목재, 종이, 연료, 고무, 섬유, 식품, 의약품 등 다양한 자원을 얻는다. 또 숲에서 캠핑이나 하이킹, 사냥과 같은 활동도 할 수 있다.

셋째, 숲은 ◆광합성을 통해 산소를 내뿜고 이산화 탄소를 흡수한다. 숲 덕분에 지구 온난화를 일으키는 온실가스를 ㉠**감축할** 수 있고, 기후도 조절할 수 있다.

이와 같이 숲은 인간과 환경에 이로운 점이 많다.

◆**서식지:** 생물 등이 일정한 곳에 자리를 잡고 사는 곳.
◆**고유종:** 어느 한 지역에만 있는, 특정한 생물의 종.
◆**광합성:** 녹색 식물이 태양 에너지를 이용하여 이산화 탄소와 물로 양분을 만드는 과정.

7 ㉠'감축할'과 뜻이 비슷한 낱말은 무엇인가요? (   )

① 늦출   ② 불릴   ③ 줄일
④ 증가할   ⑤ 확대할

8 숲이 우리에게 주는 이로움으로 알맞은 것을 모두 고르세요. (,   ,   )

① 따뜻한 기후를 만든다.
② 많은 자원을 제공한다.
③ 고유종의 번식을 막는다.
④ 산소를 내뿜고 이산화 탄소를 흡수한다.
⑤ 많은 동물에게 서식지와 먹이를 제공한다.

신비로운 지구, 우주와 관련된 말 ❸

✏️ 다음 낱말의 뜻을 보고, 낱말을 알맞게 사용한 친구에게 ○표 하세요.

발사(發 필 발, 射 쏠 사)하다

활, 총, 대포, 로켓이나 전파, 음파 등을 쏘다.

비슷한말 쏘다

예 국가 대표 양궁 선수가 발사한 화살이 과녁의 한가운데에 꽂혔다.

비행(飛 날 비, 行 다닐 행)하다

공중으로 날아가거나 날아다니다.

비슷한말 날다, 날아다니다

예 미국까지 비행하는 데 열네 시간이 걸렸다.

유용(有 있을 유, 用 쓸 용)하다

쓸모가 있다.

비슷한말 값있다, 유효하다

반대말 소용없다, 쓸데없다

예 전자계산기는 복잡한 계산을 하는 데에 유용하다.

은하(銀 은 은, 河 강물 하)

흰 구름 모양으로 길게 보이는 수많은 천체의 무리.

예 은하를 관측하려면 성능이 좋은 망원경이 필요하다.

인공위성(人 사람 인, 工 장인 공, 衛 지킬 위, 星 별 성)

지구와 같은 행성 둘레를 돌면서 관찰할 수 있도록 로켓을 이용하여 쏘아 올린 물체. 비슷한말 위성

예 인공위성은 지구 둘레를 돌면서 정보를 전해 준다.

중력(重 무거울 중, 力 힘 력)

지구가 지구 위의 물체를 끌어당기는 힘.

예 중력 때문에 사과는 나무에서 땅으로 떨어진다.

로켓을 우주로 발사하는 데 성공했어.

( )

중력 때문에 힘껏 던진 공은 땅으로 떨어지지 않아.

( )

이 책은 아무런 정보도 없어서 유용해.

( )

1 다음 낱말의 알맞은 뜻을 찾아 선으로 이으세요.

어휘
확인

(1) 발사하다 •

(2) 비행하다 •

(3) 유용하다 •

• ㉮ 쓸모가 있다.

• ㉯ 공중으로 날아가거나 날아다니다.

• ㉰ 활, 총, 대포, 로켓이나 전파, 음파 등을 쏘다.

2 다음 밑줄 친 낱말의 뜻에 맞게 (   )에서 알맞은 낱말을 찾아 ○표 하세요.

어휘
확인

(1) 물건이 아래로 떨어지는 것은 지구에 <u>중력</u>이 작용하고 있기 때문이다.

➡ 지구가 지구 위의 물체를 (밀어내는, 끌어당기는) 힘.

(2) 우주 망원경으로 <u>은하</u>를 관측하였다.

➡ 흰 구름 모양으로 길게 보이는 수많은 천체의 (무리, 색깔).

3 다음 중 밑줄 친 낱말을 알맞게 사용하여 말한 친구에게 ○표 하세요.

어휘
적용

<u>인공위성</u>을 타고 여름휴가를 갔어.

두더지가 땅속을 <u>비행</u>하며 먹이를 찾았어.

냉장고는 음식을 신선하게 보관하는 데에 <u>유용</u>하게 사용돼.

(   )

(   )

(   )

4 다음 문장의 빈칸에 공통으로 들어갈 낱말은 무엇인가요? (   )

어휘
적용

- 우주 공간에는 [ ][ ]이/가 없어서 물체가 떠다닌다.
- 지구에 [ ][ ]이/가 없다면 사람은 땅 위에 서 있을 수 없을 것이다.

① 생물　　　　　　② 소리　　　　　　③ 은하
④ 중력　　　　　　⑤ 태양

5 다음 보기 에서 짝 지은 낱말의 관계가 <u>다른</u> 하나를 찾아 기호를 쓰세요.

어휘
확장

보기
　㉠ 발사하다 – 쏘다　　　　　㉡ 비행하다 – 날다
　㉢ 인공위성 – 위성　　　　　㉣ 유용하다 – 소용없다

(　　　　　　)

관용 표현

6 다음 글의 내용에 어울리는 속담을 찾아 ○표 하세요.

　　우리나라의 고속도로 휴게소에는 3500대가 넘는 폐쇄 회로 텔레비전(CCTV)이 설치되어 있다. 범죄 예방이나 수사에 **유용하기** 때문이다. 그러나 현재 4대 가운데 3대 꼴로 화질이 좋지 않아 촬영된 화면 속 얼굴을 구별하기 힘든 것으로 나타났다.

(1) 우물 안 개구리: 아는 것이 적어 저만 잘난 줄로 아는 사람을 비꼬는 말.　　(　　　)

(2) 빛 좋은 개살구: 겉만 그럴듯하고 실속이 없는 경우를 빗대어 이르는 말.　　(　　　)

(3) 쇠뿔도 단김에 빼라: 어떤 일이든지 하려고 생각했으면 한창 열이 올랐을 때 망설이지 말고 곧 행동으로 옮겨야 함을 빗대어 이르는 말.　　　　　　　　　　(　　　)

독해로

오늘의
나의 실력은?

최고야   좋았어   힘내자

6주 3일
정답 확인

[7~8] 다음 주장하는 글을 읽고, 물음에 답하세요.

우주 개발이 본격적으로 이루어지면서 많은 나라에서 통신 위성, 군사 위성, 기상 위성 등 다양한 **인공위성**을 ㉠**발사하고** 있다. 그러면서 우주 쓰레기 문제가 심각해지고 있다. 우주 쓰레기는⁺수명을 다한 인공위성이나 로켓 등에서 떨어져 나온 다양한 크기의⁺파편들을 말한다. 우주 쓰레기에 관심을 가지고 해결책을 찾아야 한다.

우주 쓰레기는⁺초속 6킬로미터가 넘는 속도로 우주를 떠돌고 있다. 이렇게 빠른 속도로 날아다니면 아무리 작은 파편이라도 큰 충돌을 일으킬 수 있다. 특히 이러한 파편들이 다른 인공위성이나 ㉡**비행하고** 있는 우주 왕복선에 부딪히면 심각한 문제가 된다. 실제로 인공위성이 우주 쓰레기에 부딪히는 사고가 일어나기도 했고, 미국의 한 마을에 로켓의 연료 탱크가 떨어져 피해를 입기도 했다.

앞으로 여러 나라가 ㉢**협력하여** 우주 쓰레기의 양을 줄이고, 우주에 존재하는 우주 쓰레기를 ㉣**제거하기** 위한 기술을 개발하기 위해 노력해야 한다.

⁺**수명:** 물건이나 시설 등이 쓰일 수 있는 기간.
⁺**파편:** 깨어지거나 부서진 조각.
⁺**초속:** 1초를 단위로 하여 잰 속도.

7 ㉠~㉣ 중 다음 빈칸에 들어갈 알맞은 낱말을 찾아 기호를 쓰세요.

독립 만세를 부르던 사람들은 일본 경찰이 [   ]한 총에 맞고 목숨을 잃기도 했다.

(   )

8 이 글의 내용으로 알맞지 <u>않은</u> 것은 무엇인가요? (   )

① 인공위성의 종류는 다양하다.
② 많은 나라가 인공위성을 쏘고 있다.
③ 우주 쓰레기 문제를 해결해야 할 때이다.
④ 아직 우주 쓰레기로 인한 문제가 발생하지는 않았다.
⑤ 우주 쓰레기는 다른 인공위성이나 우주 왕복선과 부딪칠 수 있다.

신비로운 지구, 우주와 관련된 말 ④

✏️ 다음 낱말이 사용된 상황을 보고, 초성에 알맞은 낱말을 써넣어 짧은 글을 완성하세요.

오늘의 어휘

• **화산**(火 불 화, 山 메 산): 땅속에 있는 가스나 용암이 땅을 뚫고 터져 나오는 것. 또는 그로 인해 생긴 산.

• **폭발**(爆 터질 폭, 發 필 발)**하다**: 불이 일어나며 갑작스럽게 터지다.
  비슷한말 터지다

• **분출**(噴 뿜을 분, 出 날 출)**하다**: 액체나 기체 상태의 물질이 솟구쳐서 뿜어져 나오다. 또는 그렇게 되게 하다. 비슷한말 뿜다, 솟다

• **분화구**(噴 뿜을 분, 火 불 화, 口 입 구): 화산이 폭발할 때 가스, 수증기, 화산재, 용암 등이 내뿜어져 나오는 구멍.

• **지층**(地 땅 지, 層 층 층): 자갈, 모래, 진흙, 화산재 등이 오랜 시간 동안 쌓여 이루어진 층.

• **차단**(遮 막을 차, 斷 끊을 단)**하다**: 액체나 기체 등의 흐름을 막거나 끊어서 통하지 못하게 하다. 비슷한말 막다

📝 **짧은 글짓기**

❶ 공장의 굴뚝이 연기를 [ㅂ][ㅊ] 하고 있습니다.

❷ 백두산은 아직 활동 중인 [ㅎ][ㅅ] 인 활화산입니다.

❸ 화산이 [ㅍ][ㅂ] 해서 주변의 마을 사람들이 대피했습니다.

1 다음 뜻을 가진 낱말을 **보기**에서 찾아 기호를 쓰세요.

어휘
확인

보기

ⓐ 차단하다　　　ⓑ 분출하다　　　ⓒ 폭발하다

(1) 불이 일어나며 갑작스럽게 터지다.　　　　　　　　　　　　(　　　　　　　)

(2) 액체나 기체 등의 흐름을 막거나 끊어서 통하지 못하게 하다.　(　　　　　　　)

(3) 액체나 기체 상태의 물질이 솟구쳐서 뿜어져 나오다. 또는 그렇게 되게 하다.

(　　　　　　　)

2 다음 낱말의 뜻에 맞게 (　　　)에서 알맞은 낱말을 찾아 ○표 하세요.

어휘
확인

(1) 　지층　　자갈, 모래, 진흙, 화산재 등이 (오랜, 짧은) 시간 동안 쌓여 이루어진 층.

(2) 　분화구　　화산이 폭발할 때 가스, 수증기, 화산재, 용암 등이 내뿜어져 나오는 (힘, 구멍).

3 다음 문장에 어울리는 낱말을 **보기**에서 찾아 빈칸에 쓰세요.

어휘
적용

보기

분출, 지층 , 분화구

(1) 공장에서 수증기를 (　　　　　　　　　)하고 있다.

(2) (　　　　　　　　　)에 물이 고여 호수가 만들어지기도 한다.

(3) 색깔이 다른 고무찰흙을 층층이 쌓아 (　　　　　　　　　) 모형을 만들었다.

4 다음 밑줄 친 부분과 바꾸어 쓸 수 있는 낱말을 찾아 ○표 하세요.

어휘
적용

(1) 햇볕이 <u>통하지 못하게 하려고</u> 커튼을 쳤다. (차단하려고, 차지하려고)

(2) 폭탄이 <u>갑작스럽게 터져서</u> 많은 사람들이 다쳤다. (폭락해서, 폭발해서)

5 다음 밑줄 친 낱말과 뜻이 비슷한 낱말은 무엇인가요? (   )

어휘
확장

　　스컹크는 적을 만나면 꼬리와 털을 세워서 몸을 크게 만들고 발을 구른다. 그래도 통하지 않을 때에는 지독한 냄새가 나는 액체를 <u>분출한다</u>.

① 막는다 　　　　　② 뿜는다 　　　　　③ 공격한다

④ 흡수한다 　　　　⑤ 빨아들인다

관용 표현

6 다음 빈칸에 들어갈 관용어로 알맞은 것은 무엇인가요? (   )

　　손 씻기만 잘 해도 어느 정도 감염병에 걸리는 것을 **차단할** 수 있다. 일상생활 중 우리의 손은 여러 가지 균에 [   ] 오염되기 때문에 손을 자주 씻어야 한다. 특히 화장실을 이용한 뒤, 음식을 준비하거나 먹기 전, 코를 풀거나 기침을 한 뒤, 반려동물과 접촉한 뒤 등에는 손을 꼼꼼히 씻어야 한다.

① 목이 마르게: 몹시 애타게.

② 알게 모르게: 자신도 모르는 사이에.

③ 땅이 꺼지게: 한숨을 쉴 때 몹시 깊고도 크게.

④ 하늘이 두 쪽이 나도: 아무리 큰 어려움이 있더라도.

⑤ 게 눈 감추듯: 음식을 허겁지겁 빨리 먹어 치움을 비유적으로 이르는 말.

독해로
어휘 마무리

6주 4일
정답 확인

오늘의
나의 실력은?

최고야   좋았어   함내자

[7~8] 다음 독서 감상문을 읽고, 물음에 답하세요.

학교 도서관에서 『백두산이 **폭발한다면**』을 빌려 읽었다. 책 제목을 보고, 백두산이 폭발할지도 모른다는 내용에 호기심이 생겼기 때문이다.

이 책은 **화산**에 대한 정확한 지식을 제공하고, 최근 화제가 되고 있는 화산에 대한 여러 가지 이야기들을 아이들이 쉽게 이해할 수 있도록 설명했다.

화산에 대한 여러 가지 내용 중에서 특히 내 관심을 끈 것은 백두산 폭발의 증거˚에 대한 이야기였다. 백두산의 **분화구**에 생긴 호수가 천지인데, 천지 주변의 온도는 지하의 마그마˚가 위로 올라오면서 계속 높아지고 있다. 또 화산 가스 때문에 천지 근처의 나무들이 죽어 가고 있으며, 작은 규모의 지진이 눈에 띄게 잦아지고 있다. 이것은 모두 백두산이 활동하는 화산이라는 증거라고 한다. 화산이 폭발하면 용암과 화산재로 인해 인명 피해가 발생하고, 화산재가 빛을 ㉠**차단해** 농작물에도 피해를 끼칠 수 있다고 한다.

책을 읽고 화산 폭발이 더 이상 다른 나라의 일이 아니라는 사실에 놀랐다. 백두산이 언제 폭발할지 모른다고 생각하니까 무섭기도 하고 대비책을 잘 세워야겠다는 생각이 들었다.

◆ **증거:** 어떤 사실을 증명할 수 있는 근거.
◆ **마그마:** 땅속 깊은 곳에서 암석이 녹아서 만들어진 뜨거운 액체.

7 ㉠'차단해'와 뜻이 비슷한 낱말은 무엇인가요? (   )

① 그쳐   ② 막아   ③ 만나
④ 버려   ⑤ 열어

8 글쓴이가 읽은 책의 내용으로 알맞지 <u>않은</u> 것은 무엇인가요? (   )

① 천지 주변의 온도가 높아지고 있다.
② 천지 근처의 나무들이 죽어 가고 있다.
③ 백두산이 폭발할 수도 있다는 증거가 있다.
④ 화산이 폭발해도 인명 피해는 발생하지 않는다.
⑤ 백두산의 분화구에 있는 호수의 이름은 '천지'이다.

신비로운 지구, 우주와 관련된 말

✏️ 다음 뜻풀이를 보고, 십자말풀이를 완성하세요.

¹	²			³	⁴		
				⁶			
		⁵					
⁷	⁸						
					¹⁰		
	⁹						

➡️ 가로

1 자연 현상을 기계를 이용하거나 눈으로 자세히 살펴보아 어떤 사실을 짐작하거나 알아내다.

3 화산이 폭발할 때 가스, 수증기, 화산재, 용암 등이 내뿜어져 나오는 구멍.

5 어떤 것을 중심으로 하여 그 주위를 빙빙 돌다.

7 강이나 바다와 같이 물이 있는 곳을 제외한 지구의 겉면.

9 지구가 지구 위의 물체를 끌어당기는 힘.

⬇️ 세로

2 일정한 양을 기준으로 하여 같은 종류의 다른 양의 크기를 재다.

4 땅속에 있는 가스나 용암이 땅을 뚫고 터져 나오는 것. 또는 그로 인해 생긴 산.

6 공중으로 날아가거나 날아다니다.

8 자갈, 모래, 진흙, 화산재 등이 오랜 시간 동안 쌓여 이루어진 층.

10 지구를 둘러싸고 있는 모든 공기.

[1~2] 다음 밑줄 친 낱말과 뜻이 비슷한 낱말을 찾아 ✓표 하세요.

1

지구는 태양을 중심으로 일 년에 한 바퀴씩 서쪽에서 동쪽으로 <u>회전한다</u>. 이것을 '지구의 공전'이라고 한다. 지구의 공전으로 지구의 위치가 달라지고, 그 위치에 따라 계절별로 밤에 보이는 별자리가 달라진다.

① 돈다　　　② 멈춘다　　　③ 넘어간다
④ 움직인다　　⑤ 이동한다

2

탄산음료를 마셨을 때에는 30분 정도 지나거나 물로 가볍게 입안을 헹군 뒤에 이를 닦아야 한다. 탄산음료에 들어 있는 산 성분이 치아를 약하게 만들기 때문에 바로 이를 닦으면 치약이 치아의 <u>표면</u>을 깎아 내게 된다.

① 안쪽　　　② 아래쪽　　　③ 바깥쪽
④ 모서리　　⑤ 가장자리

[3~4] 다음에 제시된 말과 뜻이 반대인 낱말을 글에서 찾아 쓰세요.

3

'기우'는 '앞일에 대해 쓸데없는 걱정을 함. 또는 그 걱정.'이라는 뜻이다. 옛날 중국 기나라에 살던 한 사람이 잠도 자지 않고 먹지도 않은 채 '만일 하늘이 무너지면 어디로 피해야 좋을 것인가?' 하고 걱정했다는 데서 유래했다.

유용한 ↔ _____

4

프랑스의 몽골피에 형제는 최초로 동력 비행에 성공한 라이트 형제보다 120여 년 먼저 하늘을 날았다. 1782년 12월, 형제는 자신들이 사는 마을 인근 들판에서 열기구를 띄웠다. 열기구는 정말로 떠올랐고, 심지어 2킬로미터나 날다가 무사히 착륙했다.

이륙했다 ↔ _____

[5~6] 다음 글의 빈칸에 들어갈 낱말을 찾아 ○표 하세요.

5

제주도에서 많이 볼 수 있는 현무암은 화산 활동으로 만들어진 암석이다. 용암이 지표 가까이에서 식어 굳은 암석으로, 색깔이 어둡고 알갱이의 크기가 작다. 용암이 [   ]할 때 가스 성분이 빠져나가 구멍이 생기기도 한다.

| 분리 | 분명 | 분비 | 분출 |

6

2023년 5월 25일, 누리호를 세 번째로 [   ]데 성공했다. 누리호의 이번 임무는 모형 위성이 실렸던 2차 발사 때와는 달리 진짜 위성 8기를 싣고 가 궤도에 올리는 것이었다.

| 발견하는 | 발사하는 | 발표하는 | 발휘하는 |

7 다음 글을 읽고 알 수 <u>없는</u> 내용은 무엇인가요? (   )

울릉도는 화산 활동으로 생긴 섬이다. 울릉도에서 가장 높은 산인 성인봉 꼭대기에는 화산 활동의 흔적인 큰 분화구가 남아 있는데, 이곳을 '나리 분지'라고 부른다. 분지는 주위가 더 높은 땅으로 둘러싸인 평지를 말한다.

울릉도는 겨울에 눈이 많이 내리고, 다른 지역에 비해 일 년 내내 강수량이 고르게 나타나는 기후적 특징이 있다.

울릉도 바다에서는 오징어, 꽁치, 명태 같은 물고기가 많이 잡힌다. 울릉도에는 맛있는 음식도 많은데, 특히 명이나물과 호박엿이 유명하다.

① 분지의 뜻　　　　　　　　② 울릉도의 기후
③ 울릉도의 옛 이름　　　　　④ 울릉도가 생겨난 배경
⑤ 울릉도에서 유명한 음식

한 걸음 더!

○ '星'(성)이 들어간 낱말은 '별, 천체'와 관련 있어요. '星'(성)이 들어간 낱말을 알아보아요.

항성

보이는 위치를 바꾸지 않고
스스로 빛을 내는 별.

혜성

태양을 중심으로 타원이나 포물선을
그리며 도는, 꼬리가 달린 천체.

星
별 성

유성

우주에서 지구로 들어오면서 공기에
부딪쳐 밝은 빛을 내며 떨어지는 물체.

북두칠성

북쪽 하늘에 국자 모양으로 뚜렷하게
빛나는 일곱 개의 별.

Q 다음 문장에 알맞은 낱말을 찾아 ○표 하세요.

(1) 우주에는 수많은 (유성, 항성)이 있는데, 그중에 하나가 태양이다.

(2) 이번에 새로 발견된 (혜성, 북두칠성)은 빛이 밝고 꼬리가 아주 길었다.

(3) 우리는 망원경으로 밝은 빛을 내며 떨어지는 (유성, 북두칠성)을 관찰하였다.

아름다운 미술, 문화와 관련된 말 ❶

✏️ 다음 낱말이 사용된 상황을 보고, 뜻에 맞는 낱말을 써넣어 사전을 완성하세요.

어휘 사전

❶ [ㄷ][ㅅ] (單 홑 단, 純 순수할 순)**하다**

: 복잡하지 않고 간단하다.

비슷한말 간단하다, 단조롭다

반대말 복잡하다

❷ [ㄷ][ㅈ][ㅇ]

: 의상, 공업 제품, 건축 등의 실용적인 목적을 가진 작품의 설계나 도안.

비슷한말 도안

❸ [ㅅ][ㅇ][ㅈ]

(實 열매 실, 用 쓸 용, 的 과녁 적)

: 실제로 쓰기에 알맞은 것.

❹ [ㅈ][ㅅ] (展 펼 전, 示 보일 시)**하다**

: 여러 가지 물품을 한곳에 벌여 놓고 보게 하다. 비슷한말 보이다, 선보이다

❺ [ㅊ][ㅅ][ㅈ]

(抽 뺄 추, 象 코끼리 상, 的 과녁 적)

: 일정한 형태와 성질을 갖추고 있지 않은 것. 반대말 구체적, 경험적

❻ [ㅌ][ㅈ] (特 특별할 특, 定 정할 정)

: 특별히 지정함. 반대말 불특정

1 다음 낱말의 뜻을 보기 에서 찾아 기호를 쓰세요.

어휘
확인

보기

ㄱ 특별히 지정함.
ㄴ 복잡하지 않고 간단하다.
ㄷ 여러 가지 물품을 한곳에 벌여 놓고 보게 하다.
ㄹ 의상, 공업 제품, 건축 등의 실용적인 목적을 가진 작품의 설계나 도안.

(1) 특정 ········ (   )
(2) 디자인 ······ (   )
(3) 단순하다 ··· (   )
(4) 전시하다 ··· (   )

2 다음 낱말의 뜻으로 알맞으면 🥝에 ○표, 알맞지 <u>않으면</u> 🥝에 ○표 하세요.

어휘
확인

(1) 실용적   실제로 보기에 알맞은 것.   🥝 , 🥝

(2) 추상적   일정한 형태와 성질을 갖추고 있지 않은 것.   🥝 , 🥝

3 다음 낱말이 들어갈 문장을 찾아 선으로 이으세요.

어휘
적용

(1) 전시해서 •

• ㉮   이 일은 (   ) 누구나 쉽게 따라 할 수 있다.

(2) 단순해서 •

• ㉯   미술관 마당에 작품을 (   ) 여러 사람이 볼 수 있게 했다.

4 다음 문장에 어울리는 낱말을 (   )에서 찾아 ○표 하세요.

어휘
적용

(1) 친구에게 쓸모 있고 (규칙적, 실용적)인 선물을 사 주고 싶다.

(2) 이 그림은 꽃을 (구체적, 추상적)으로 그려서 이해하기가 어렵다.

5 다음 글에서 밑줄 친 낱말과 뜻이 반대인 낱말을 찾아 쓰세요.

어휘
확장

픽토그램은 사물이나 시설 등을 불특정 다수의 사람들이 쉽게 알아볼 수 있도록 만든 그림 문자이다. <u>특정</u> 언어를 몰라도 그림만 보면 어떤 곳인지 또는 무엇을 말하려고 하는 것인지 금방 알 수 있게 하는 것이다. 비상구를 뜻하는 그림이 픽토그램의 대표적인 예이다.

(   )

관용 표현

6 다음 빈칸에 들어갈 한자 성어로 알맞은 것을 찾아 ○표 하세요.

대학생 서 모 씨(23)는 ◆텀블러를 모으는 것이 취미이다.

"비록 쓰지는 않지만 텀블러들을 볼 때마다 뿌듯해요."

일회용품 사용을 줄이고 환경을 보호하자는 취지로 종이컵을 대신하기 위하여 만들어진 텀블러. 하지만 이처럼 수집하거나 **전시할** 목적으로 사서 모으기만 한다면 □□□□□과도 같다.

◆ **텀블러**: 굽과 손잡이가 없고 바닥이 납작한 큰 잔.

(1) 무용지물(無用之物): 쓸모없는 물건이나 사람.   (   )

(2) 동가홍상(同價紅裳): 같은 값이면 좋은 물건을 가짐을 이르는 말.   (   )

(3) 견물생심(見物生心): 물건을 실제로 보게 되면 가지고 싶은 욕심이 생김. (   )

독해로
어휘 마무리

오늘의
나의 실력은?

최고야 좋았어 함내자

7주 1일
정답 확인

[7~8] 다음 기사문을 읽고, 물음에 답하세요.

| ○○ 어린이 신문 | 20○○년   7월   12일   토요일

　에코 백은 환경 보호를 위해 만든 다회용품이다. 에코 백은 튼튼하고 어떤 옷차림에도 어울려 세계적으로 큰 인기를 끌었다. 이후 간단한 문구만 넣은 (　　㉠　　) **디자인**부터 여러 가지 패턴이 들어간 화려한 디자인 등 다양한 에코 백이 등장하고, **특정** 상품의 사은품으로도 만들어지면서 에코 백은 흔한 물건이 되었다. 하지만 에코 백은 만들어진 취지와는 다르게 사람들이 반복해서 사용하지 않아 오히려 환경을 오염시키고 있다.

　에코 백은 만들고 폐기하는 과정에서 환경이 오염된다. 에코 백의 주재료인 목화를 키울 때 화학 비료와 살충제 등을 사용하고, 폐기할 때에는 온실가스가 배출된다. 덴마크 환경 식품부는 에코 백을 7100번 이상 재사용해야 비닐봉지를 재사용하는 것보다 환경 보호 효과가 있다고 발표하였다.

　따라서 에코 백을 반복 사용해야 환경을 보호할 수 있다. 환경 관련 전문가들도 다회용품을 오래 사용하는 태도를 가지는 것이 매우 중요하다고 지적하였다.

◆ **취지:** 어떤 일의 근본이 되는 목적이나 매우 중요한 뜻.
◆ **폐기하는:** 못 쓰게 된 것을 버리는.
◆ **살충제:** 사람이나 집에서 기르는 동물, 농작물 등에 해가 되는 벌레를 죽이는 약.

7　㉠에 들어갈 알맞은 낱말을 모두 고르세요. (　　　　,　　　　)

① 단순한　　　　　② 상냥한　　　　　③ 사나운
④ 번거로운　　　　⑤ 단조로운

8　이 기사문에서 전하고자 하는 주요 내용은 무엇인가요? (　　　　)

① 다양한 에코 백이 만들어져야 한다.
② 에코 백을 반복해서 사용해야 한다.
③ 더 많은 다회용품이 만들어져야 한다.
④ 더 이상 에코 백을 만들지 말아야 한다.
⑤ 에코 백 대신 비닐봉지를 사용해야 한다.

아름다운 미술, 문화와 관련된 말 ❷

✏️ 다음 낱말이 사용된 상황을 보고, 초성에 알맞은 낱말을 써넣어 짧은 글을 완성하세요.

오늘의 어휘

- **본(本 근본 본)뜨다**: 이미 있는 것을 그대로 따라서 만들다.
  비슷한말 모방하다 반대말 창조하다
- **빚다**: 흙 등의 재료를 이겨서 어떤 형태를 만들다.
  비슷한말 만들다
- **새기다**: 글씨나 형상을 파다.
  비슷한말 파다
- **쓸모**: 쓸 만한 가치.
  비슷한말 쓰임새, 쓸데
- **옹기(甕 항아리 옹, 器 그릇 기)**: 진흙으로 만들어 구운 그릇.
  비슷한말 도기, 옹기그릇
- **장인(匠 장인 장, 人 사람 인)**: 손으로 물건을 만드는 일을 직업으로 하는 사람. 비슷한말 기술자

📝 **짧은 글짓기**

① 이 지우개는 정말 잘 지워져서 [ㅆ][ㅁ] 가 있습니다.

② 할아버지께서는 전통 의상을 만드는 [ㅈ][ㅇ] 이십니다.

③ 할머니 댁의 뒷마당에는 된장, 고추장, 간장 등이 담긴 [ㅇ][ㄱ] 가 줄지어 놓여 있습니다.

1 다음 낱말의 뜻에 맞게 (　　)에 들어갈 알맞은 낱말을 찾아 ○표 하세요.

(1)
　　　　본뜨다　　이미 있는 것을 그대로 (따라서, 바꿔서) 만들다.

(2)
　　　　장인　　손으로 물건을 (파는, 만드는) 일을 직업으로 하는 사람.

2 다음 뜻풀이에 알맞은 낱말을 보기에서 찾아 쓰세요.

> **보기**
> 공기, 쓸모, 무모, 옹기

(1) 쓸 만한 가치.　　　　　　　　　　　　　(　　　　　　　　)
(2) 진흙으로 만들어 구운 그릇.　　　　　　　(　　　　　　　　)

3 다음 문장에 어울리는 낱말을 보기에서 찾아 빈칸에 쓰세요.

> **보기**
> 새겼다, 빚었다

(1) 바위에 정으로 이름을 (　　　　　　　).
(2) 옹기장이는 열심히 도자기를 (　　　　　　　).

4 다음 문장의 빈칸에 공통으로 들어갈 낱말을 쓰세요.

어휘
적용

- 이 가방은 여러모로 ⬜ⁿ ⬜ᵐ 이/가 많다.
- 옹기는 옛날에 ⬜ⁿ ⬜ᵐ 이/가 많았던 생활필수품이었다.
- 이 물건이 지금은 필요 없어도 나중에는 ⬜ⁿ ⬜ᵐ 이/가 있을 것이다.

(   )

5 다음 낱말과 뜻이 비슷한 낱말을 보기에서 찾아 쓰세요.

어휘
확장

보기

파다, 피다, 만들다, 지우다

(1) 빚다 － ⬜⬜⬜⬜⬜   (2) 새기다 － ⬜⬜⬜⬜⬜

관용 표현

6 다음 밑줄 친 부분에 어울리는 한자 성어를 찾아 ○표 하세요.

　　푸드 업사이클링이란 **쓸모**가 없다고 여겨지던 식재료를 사용해 새로운 상품을 만들어 내는 것을 말한다. 모양이 예쁘지 않거나 흠집이 많이 난 농산물로 만든 잼, 깨진 쌀알로 만든 과자 등이 푸드 업사이클링의 대표적인 예이다. 이렇게 <u>상품의 가치가 떨어진 식재료를 활용하면 환경도 보호할 수 있고, 식품 생산 비용도 줄일 수 있어 좋다.</u>

(1) 일거양득(一擧兩得): 한 가지 일을 하여 두 가지 이익을 얻음.   (   )

(2) 유비무환(有備無患): 미리 준비가 되어 있으면 걱정할 것이 없음.   (   )

(3) 일장일단(一長一短): 어떤 한 면에서의 장점과 다른 면에서의 단점.   (   )

독해로
어휘 마무리

오늘의
나의 실력은?

최고야 좋았어 힘내자

7주 2일
정답 확인

[7~8] 다음 견학 기록문을 읽고, 물음에 답하세요.

토요일에 아빠와 함께 우리나라 최대의 **옹기** 마을인 외고산 옹기 마을에 다녀왔다. 아빠께서 이 마을에서는 지금도 ㉠**장인**들이 전통 방식으로 옹기를 만들고 있다고 하셨다.

먼저 옹기 박물관에 갔다. 옹기 모양을 **본뜬** 모양의 박물관에는 수많은 옹기들이 전시되어 있었다. 그중에서 세계에서 제일 큰 옹기가 인상 깊었다. 이 옹기는 여러 번의 시도 끝에 만들어진 것으로, 기네스북에도 등재되었다고 한다.

다음으로 옹기 아카데미관에 가서 옹기 만들기 체험을 했다. 옹기 만드는 순서를 간단히 듣고 관련 영상을 본 뒤 옹기를 **빚었다**. 먼저 바닥을 평평하게 만들고, 흙 반죽을 길게 밀어 차례차례 쌓아 올려 옹기의 옆면도 완성했다. 마지막으로 빚은 옹기에 꽃무늬도 **새겼다**. 마치 내가 옹기 장인이 된 것 같았다.

집으로 돌아오면서 아빠와 전통문화를 계승하고 있는 외고산 옹기 마을에 대해 이야기했다. 전통의 소중함을 느낀 의미 있는 날이었다.

♦ **인상:** 어떤 대상이 주는 느낌.

♦ **등재되었다고:** 일정한 사항이 장부나 대장에 올려졌다고.

♦ **계승하고:** 조상의 전통이나 문화유산, 업적 등을 물려받아 이어 나가고.

7 ㉠'장인'과 뜻이 비슷한 낱말은 무엇인가요? (   )

① 관계자   ② 경험자   ③ 기술자

④ 사용자   ⑤ 지원자

8 글쓴이가 생각하거나 느낀 점을 모두 고르세요. (,   )

① 빚은 옹기에 꽃무늬도 새겼다.

② 마치 내가 옹기 장인이 된 것 같았다.

③ 전통의 소중함을 느낀 의미 있는 날이었다.

④ 박물관에는 수많은 옹기들이 전시되어 있었다.

⑤ 이 마을에서는 지금도 장인들이 전통 방식으로 옹기를 만들고 있다고 하셨다.

아름다운 미술, 문화와 관련된 말 ❸

✍️ 다음 낱말의 뜻을 보고, 낱말을 알맞게 사용한 친구에게 ○표 하세요.

걸작(傑 뛰어날 걸, 作 지을 작)

매우 훌륭한 작품.

비슷한말 명작, 대작

반대말 졸작

예 이 작품은 많은 관람객들이 찾은 걸작이다.

명암(明 밝을 명, 暗 어두울 암)

그림이나 사진 등에서, 색의 짙기나 밝기의 정도.

예 공을 그리면서 빛의 방향에 맞게 명암을 그려 넣었다.

미완성(未 아닐 미, 完 완전할 완, 成 이룰 성)

아직 덜 됨.

반대말 완성

예 아직 그림이 미완성인데 미술 시간이 끝나 버렸다.

입체적(立 설 입, 體 몸 체, 的 과녁 적)

삼차원의 공간적 부피를 가진 물체를 보는 것과 같은 느낌을 주는 것.

반대말 평면적

예 사각기둥은 입체적인 도형이다.

탁(濁 흐릴 탁)하다

액체나 공기 등에 다른 물질이 섞여 흐리다.

비슷한말 흐리다, 부옇다

반대말 맑다, 깨끗하다

예 공장의 매연 때문에 하늘이 탁하다.

회화(繪 그림 회, 畫 그림 화)

여러 가지 선이나 색채로 평면에 그림을 그려 내는 미술의 한 분야.

비슷한말 그림

예 지난 주말에 미술관에서 회화 작품을 감상했다.

류진이가 그린 그림은 채색이 다 끝나서 미완성이야.

 (   )

바닥이 훤히 보이는 시냇물이 무척 탁해.

 (   )

미술관에서 입체적인 조각 작품을 보았어.

 (   )

1 다음 뜻을 가진 낱말을 찾아 선으로 이으세요.

(1) | 매우 훌륭한 작품. | •   • ㉮   회화

(2) | 여러 가지 선이나 색채로 평면에 그림을 그려 내는 미술의 한 분야. | •   • ㉯   걸작

(3) | 삼차원의 공간적 부피를 가진 물체를 보는 것과 같은 느낌을 주는 것. | •   • ㉰   입체적

2 다음 낱말의 뜻풀이에 들어갈 알맞은 낱말을 보기 에서 찾아 쓰세요.

보기

덜, 밝기, 흐리다

(1) 미완성: 아직 (   ) 됨.
(2) 탁하다: 액체나 공기 등에 다른 물질이 섞여 (   ).
(3) 명암: 그림이나 사진 등에서, 색의 짙기나 (   )의 정도.

3 다음 중 빈칸에 '탁하다'가 들어가기에 알맞지 <u>않은</u> 문장을 보기 에서 찾아 기호를 쓰세요.

보기

㉠ 미세 먼지 때문에 공기가 (   ).
㉡ 가을 하늘이 구름 한 점 없이 푸르고 (   ).
㉢ 오염된 강물이 바닥이 보이지 않을 정도로 (   ).

(   )

4 다음 낱말이 들어갈 문장을 찾아 선으로 이으세요.

어휘
적용

(1) 걸작 •

(2) 입체적 •

(3) 미완성 •

• ㉮ 조선 시대 그림 중 훌륭한 (   )들 만 모았다.

• ㉯ 공사 중인 도로가 (   ) 상태여서 지나가는 사람들이 큰 불편을 겪고 있다.

• ㉰ 삼각형처럼 평면에 그려진 (   ) 이지 않은 도형을 평면 도형이라고 한다.

5 다음 밑줄 친 낱말과 뜻이 반대인 낱말은 무엇인가요? (   )

어휘
확장

그림을 그릴 때 명암을 적절하게 나타내면 얼굴이 더욱 <u>입체적</u>으로 보인다.

① 감동적   ② 대표적   ③ 인상적
④ 직접적   ⑤ 평면적

관용 표현

6 다음 밑줄 친 관용어의 뜻으로 알맞은 것을 찾아 ○표 하세요.

'가곡의 왕'이라 불리는 슈베르트는 **미완성** 작품을 몇 곡 남겼다. 그중에서 가장 유명한 곡은 교향곡 제8번으로, 영화 음악으로도 쓰여 사람들의 <u>귀에 익은</u> 곡이다. 교향곡 은 보통 4악장으로 구성되는데, 슈베르트의 교향곡 제8번 은 3악장 중간에서 끝난다. 이 곡이 미완성인 까닭은 아직 까지 정확히 알려지지 않고 있다. 다만 미완성임에도 걸작으로 칭송받고 있다.

(1) 들은 기억이 있는.   (   )
(2) 남의 말을 쉽게 받아들이는.   (   )
(3) 믿기 어려운 이야기를 들어 잘못 들은 것이 아닌가 생각하는.   (   )

독해로
어휘 마무리

오늘의
나의 실력은?
최고야   좋았어   힘내자

7주 3일
정답 확인

[7~8] 다음 설명하는 글을 읽고, 물음에 답하세요.

원근법은 멀고 가까움을 느낄 수 있도록 표현하는 **회화** 기법으로, 여러 가지 종류가 있다.

먼저 선 원근법이 있다. 왼쪽 그림을 보면 길이 멀어질수록 하나의 점으로 모이는 것을 볼 수 있다. 이 점을 '소실점'이라고 한다. 선 원근법은 소실점을 이용하여 거리감을 표현한 방법이다.

두 번째로 공기 원근법이 있다. 공기 원근법은 **명암**이나 색을 이용해 거리감을 표현하는 것으로, 가까이 있는 것은 진하게, 멀리 있는 것은 흐리게 표현하는 방법이다. 오른쪽 그림은 레오나르도 다빈치의 ㉠**걸작**으로 손꼽히는 「모나리자」인데, 이 그림에 공기 원근법이 사용되었다. 다빈치는 공기 원근법으로 인물 뒤에 있는 풍경을 그렸는데, 거리가 멀어질수록 형태가 흐려지고 색깔도 **탁해지는** 것을 볼 수 있다.

마지막으로 역원근법이 있다. 역원근법은 대부분 동양화에 쓰인 방법으로, 가까운 것은 작게, 멀리 있는 것은 크게 표현하는 방법이다.

◆ **거리감**: 어떤 대상과 일정한 거리가 떨어져 있다고 느끼는 느낌.
◆ **동양화**: 중국에서 비롯하여 한국, 일본 등 동양 여러 나라에서 발달해 온 그림.

7 ㉠'걸작'과 뜻이 반대인 낱말은 무엇인가요? (   )

① 대작   ② 창작   ③ 졸작
④ 다작   ⑤ 최신작

8 이 글의 내용을 바르게 정리한 것의 기호를 쓰세요.

㉠ 「모나리자」에는 선 원근법이 쓰였다.
㉡ 동양화에서 쓰인 역원근법은 가까이 있는 것을 크게 그린다.
㉢ 선 원근법은 명암이나 색을 이용해 거리감을 표현하는 기법이다.
㉣ 가까이 있는 것은 진하게, 멀리 있는 것은 흐리게 하여 거리감을 표현하는 방법은 공기 원근법이다.

(   )

아름다운 미술, 문화와 관련된 말 4

✎ 다음 낱말의 뜻을 보고, 초성에 알맞은 말을 써넣으세요.

오늘의 어휘

• **기법**(技 재주 기, 法 법도 법): 예술 작품을 만드는 기술이나 방법. 비슷한말 방법, 방식, 수법

• **바래다**: 볕이나 습기를 받아 색이 변하다. 비슷한말 변하다, 변색하다

• **소재**(素 흴 소, 材 재목 재): 예술 작품에서 지은이가 말하고자 하는 바를 나타내기 위해 선택하는 재료.
비슷한말 거리, 재료

• **여백**(餘 남을 여, 白 흰 백): 종이 등에, 글씨를 쓰거나 그림을 그리고 남은 빈 자리.
비슷한말 공간, 공란, 공백

• **초상화**(肖 닮을 초, 像 모양 상, 畵 그림 화): 사람의 얼굴을 중심으로 그린 그림. 비슷한말 화상, 초상, 영정

• **풍속화**(風 바람 풍, 俗 풍속 속, 畵 그림 화): 당시의 풍속을 그린 그림.

1 다음 낱말의 뜻으로 알맞은 것을 찾아 ○표 하세요.

어휘
확인

(1) 초상화
    ㄱ 당시의 풍속을 그린 그림. (   )
    ㄴ 사람의 얼굴을 중심으로 그린 그림. (   )

(2) 여백
    ㄱ 종이 등에 글씨를 쓰거나 그림을 그리고 남은 빈 자리. (   )
    ㄴ 예술 작품에서 지은이가 말하고자 하는 바를 나타내기 위해 선택하는 재료. (   )

2 다음 밑줄 친 낱말의 뜻에 맞게 ( )에서 알맞은 낱말을 찾아 ○표 하세요.

어휘
확인

(1) 그 사람은 뛰어난 <u>기법</u>으로 피아노를 연주하였다.

➡ 예술 작품을 만드는 기술이나 (방법 , 방향).

(2) 옷이 오래되어 색이 <u>바랬다</u>.

➡ 볕이나 습기를 받아 색이 (강했다 , 변했다).

3 다음 문장의 빈칸에 공통으로 들어갈 낱말을 쓰세요.

어휘
적용

• 요즈음에는 영화 ⎡ㅅ⎤⎡ㅈ⎤ 이/가 무척 다양하다.

• 이 작가는 가족을 ⎡ㅅ⎤⎡ㅈ⎤ (으)로 한 글을 많이 썼다.

• 이 드라마는 실제 이야기를 ⎡ㅅ⎤⎡ㅈ⎤ (으)로 해서 인기가 많다.

(   )

4 다음 중 밑줄 친 낱말을 알맞게 사용하여 말한 친구에게 ○표 하세요.

꽃을 <u>여백</u>으로 한
그림을 그렸어.

(   )

두 그림은 사용된
<u>기법</u>이 똑같아.

(   )

우유를 더운 바깥에
두었더니 맛이 <u>바랬어</u>.

(   )

5 다음 낱말과 뜻이 비슷한 낱말을 찾아 선으로 이으세요.

(1) 기법 •

(2) 여백 •

(3) 초상화 •

• ㉮ 공백

• ㉯ 방식

• ㉰ 화상

관용 표현

6 다음 빈칸에 들어갈 관용어로 알맞은 것을 찾아 ○표 하세요.

※ 출처: 국립중앙박물관
(museum.go.kr)

  왼쪽 그림은 조선 시대의 풍속화가로 [   ] 김홍도의 대표작 「서당」입니다. 조선 시대 아이들이 공부를 하던 서당의 모습을 그린 그림으로, 인물의 모습을 재미있게 표현했습니다. 훈장님에게 혼났는지 울고 있는 아이, 그런 친구의 모습을 지켜보고 있는 아이들을 재미있게 표현했습니다. 이 그림은 김홍도의 다른 그림처럼 배경을 여백으로 남겨 두었습니다.

(1) 전망 있는: 잘될 가능성이 큰. (   )

(2) 속이 보이는: 엉큼한 마음이 들여다보이는. (   )

(3) 이름 있는: 세상에 그 이름이 널리 알려져 있는. (   )

독해로
어휘 마무리

오늘의
나의 실력은?

최고야 좋았어 힘내자

7주 4일
정답 확인

[7~8] 다음 전기문을 읽고, 물음에 답하세요.

1773년, 김홍도가 스물아홉이 되었을 때였다. 도화서˙의 화원˙이었던 김홍도는 영조 임금과 왕세손의 **초상화**를 그리는 일에 참여하였다.

"정말 훌륭한 그림이로다! 마치 거울로 보는 것처럼 섬세하구나!"

영조 임금은 자신의 초상화를 보고 무척 만족하며 김홍도를 칭찬했다.

그림 실력을 인정받은 김홍도는 훗날 왕세손이 정조 임금이 된 이후에도 임금의 초상화를 그렸다. 그뿐만 아니라 나라의 중요한 ㉠**행사** 그림도 도맡아 그렸다. 그만큼 김홍도는 나라에서 제일가는 화가로 손꼽혔다.

김홍도는 백성들의 삶의 모습을 ㉡**소재**로 한 그림에도 관심이 깊었다. 김홍도는 서당에서 공부하는 아이들, 씨름하는 남자들 등의 **풍속화**를 사실적이고 생동감 있게 그렸다. 또한 청나라의 천주 성당을 보고 온 후 서양의 ㉢**기법**을 받아들여 더욱 생생한 그림을 그렸다.

이처럼 김홍도는 인물화, 풍속화, 산수화 등 모든 ㉣**분야**의 그림을 두루 잘 그렸다.

◆ **도화서**: 조선 시대에, 그림에 관한 일을 맡아보던 관아.

◆ **화원**: 도화서에서 그림 그리는 일에 종사한 잡직.

◆ **산수화**: 동양화에서, 산과 물이 어우러진 자연의 아름다움을 그린 그림.

7 ㉠~㉣ 중에서 다음 '거리'와 뜻이 비슷한 낱말을 찾아 기호를 쓰세요.

• 거리: 내용이 될 만한 대상이나 재료.

(   )

8 김홍도에 대한 설명으로 알맞지 **않은** 것은 무엇인가요? (   )

① 도화서의 화원이었다.

② 서양의 기법을 받아들였다.

③ 인물화와 풍속화만 그렸다.

④ 나라에서 제일가는 화가로 손꼽혔다.

⑤ 영조 임금과 정조 임금의 초상화를 그렸다.

아름다운 미술, 문화와 관련된 말

✏️ 다음 뜻에 알맞은 낱말을 가로, 세로, 대각선으로 찾아 연결하세요.

옹	기	비	상	장	탁	초	면	박
서	법	장	단	순	하	다	장	수
사	무	실	용	리	다	늘	갑	버
쪽	파	용	듬	이	기	회	바	지
추	상	적	백	초	상	화	재	바
강	아	쥐	질	형	광	색	야	래
별	벼	혀	끝	쟁	기	본	뜨	다

낱말 뜻

1 복잡하지 않고 간단하다.
2 실제로 쓰기에 알맞은 것.
3 진흙으로 만들어 구운 그릇.
4 볕이나 습기를 받아 색이 변하다.
5 예술 작품을 만드는 기술이나 방법.
6 사람의 얼굴을 중심으로 그린 그림.
7 이미 있는 것을 그대로 따라서 만들다.
8 일정한 형태와 성질을 갖추고 있지 않은 것.
9 액체나 공기 등에 다른 물질이 섞여 흐리다.
10 여러 가지 선이나 색채로 평면에 그림을 그려 내는 미술의 한 분야.

[1~2] 다음 밑줄 친 낱말의 뜻으로 알맞은 것을 찾아 ○표 하세요.

1

> 판화는 나무나 돌, 금속 등의 판에 그림을 <u>새긴</u> 뒤 잉크나 물감 등을 칠하여 천이나 종이 등에 찍어 내는 그림을 말한다. 판화는 하나의 판으로 여러 장을 찍을 수 있고, 본래의 판과 찍어 낸 그림의 좌우가 바뀐다는 특징이 있다.

(1) 글씨나 형상을 판. ( )
(2) 흙 등의 재료를 이겨서 어떤 형태를 만든. ( )

2

> 옛날에 화가가 아닌 일반 서민이 실용적인 목적으로 그린 그림을 민화라고 해요. 민화는 그리는 방법에도 일정한 형식이 없고, 다루는 <u>소재</u>도 무척 다양하지요. 사람들은 민화를 사서 벽에 걸거나 병풍으로 만들어 집 안을 장식했어요.

(1) 종이 등에 글씨를 쓰거나 그림을 그리고 남은 빈 자리. ( )
(2) 예술 작품에서 지은이가 말하고자 하는 바를 나타내기 위해 선택하는 재료. ( )

[3~4] ㉠~㉤ 중에서 다음 관계에 해당하는 두 낱말을 찾아 기호를 쓰세요.

3

> ㉠<u>쓰임새</u>가 다양한 플라스틱이 바다에 버려져 해양 생태계를 위협하고 있다. 이에 따라 바다에 버려진 플라스틱을 ㉡<u>재활용</u>하는 사례가 늘고 있다. 한 스포츠 ㉢<u>전문</u> 기업에서는 바다에 버려진 플라스틱으로 운동화나 운동복을 만들고 있다. 바다에 버려진 쓰레기가 ㉣<u>쓸모</u> 있는 ㉤<u>자원</u>이 되고 있는 것이다.

• 뜻이 비슷한 낱말: ☐☐☐☐☐ ― ☐☐☐☐☐

4

> 해안선은 바다와 육지가 ㉠<u>맞닿은</u> 선을 말한다. 우리나라 서해안과 남해안은 해안선이 구불구불하고 ㉡<u>복잡해서</u> ㉢<u>다양한</u> 갯벌이 만들어진다. 갯벌은 주로 어장이나 양식장으로 ㉣<u>이용된다</u>. 하지만 동해안은 해안선이 ㉤<u>단순해서</u> 갯벌이 거의 만들어지지 않는다.

• 뜻이 반대인 낱말: ☐☐☐☐☐ ↔ ☐☐☐☐☐

[5~6] 다음 글의 ⬭에 들어갈 알맞은 낱말을 찾아 ○표 하세요.

5

경아: 오늘 찍은 사진이야. 그런데 사진이 너무 어둡게 나온 것 같지 않니?
종규: 컴퓨터로 사진의 │ 기법 │ 명암 │ 여백 │ 을 조절하면 될 것 같아.

6

　　화성은 조선 정조 임금 때 수원에 건설한 성입니다. 화성은 ◆상업과 군사의 중심지로서의 기능을 갖추도록 │ 실용적으로 │ 개인적으로 │ 추상적으로 │ 만든 성입니다. 그 가치를 인정받아 1997년 유네스코 세계 문화유산에 등재되었습니다.

◆ **상업:** 이익을 얻기 위한 목적으로 상품을 사고파는 경제 활동.

[7~8] 다음 글의 밑줄 친 낱말을 넣어 문장을 만들어 쓰세요.

　　5월 10일부터 5월 12일까지 3일간 서울 ○○ 미술관에서 환경 오염의 심각성을 알리는 사진전이 열릴 예정이다. 전시 관계자는 이번 전시에는 50여 점의 작품을 <u>전시할</u> 예정이며, 대표 작품은 깨끗했던 물이 몇 년 만에 <u>탁하게</u> 변해 버린 모습을 비교한 두 장의 사진이라고 말했다. 입장료는 무료이며, 관람 시간은 오전 아홉 시부터 오후 여섯 시까지이다.

7

　전시하다　: 여러 가지 물품을 한곳에 벌여 놓고 보게 하다.

_____

8

　탁하다　: 액체나 공기 등에 다른 물질이 섞여 흐리다.

_____

한 걸음 더!

오늘의
나의 실력은?
최고야 좋았어 힘내자

○ '美'(미)가 들어간 낱말은 '아름다움'과 관련 있어요. '美'(미)가 들어간 낱말을 알아보아요.

미관
아름답고
훌륭한 풍경.

미모
아름다운
얼굴 모습.

美
아름다울 미

미용
얼굴이나 머리를
아름답게 매만짐.

미담
사람을 감동시킬 만큼
아름다운 내용을 가진 이야기.

재산을
모두 대학에
기부했지요.

Q 다음 문장에 알맞은 낱말을 찾아 ○표 하세요.

(1) 서율이는 엄마의 (미모, 미용)을/를 닮아 얼굴이 예쁘장하다.

(2) 큰돈이 든 지갑의 주인을 찾아 준 학생의 (미관, 미담)을 들었다.

(3) 거리의 (미관, 미용)을 해친다는 이유로 낡은 육교가 철거되었다.

인간관계와 관련된 말 ①

✏️ 다음 낱말의 뜻을 보고, 낱말을 알맞게 사용한 친구에게 ○표 하세요.

동감(同 같을 동, 感 느낄 감)하다

어떤 견해나 의견에 같은 생각을 가지다.

비슷한말 공감하다, 동의하다, 동조하다

㉵ 깨끗한 우리 반을 만들자는 의견에 <u>동감했다</u>.

멸시(蔑 업신여길 멸, 視 볼 시)

업신여기거나 하찮게 여겨 깔봄.

비슷한말 모욕, 경멸, 무시, 업신여김 **반대말** 존경

㉵ 사장님은 부하 직원에게 <u>멸시</u>의 눈초리를 던졌다.

불신(不 아닐 불, 信 믿을 신)

믿지 않음. 또는 믿지 못함.

비슷한말 의문, 의심, 의혹 **반대말** 믿음, 신임

㉵ 동생이 자꾸 내게 거짓말을 해서 동생에 대한 <u>불신</u>이 깊어졌다.

시선(視 볼 시, 線 선 선)

눈이 가는 길. 또는 눈의 방향.

비슷한말 눈길

㉵ 지영이의 <u>시선</u>은 나무로 향했다.

실감(實 열매 실, 感 느낄 감)하다

실제로 체험하는 듯한 느낌을 받다.

비슷한말 느끼다

㉵ 가상 현실이지만 스키 점프를 <u>실감할</u> 수 있었다.

호의(好 좋을 호, 意 뜻 의)

친절한 마음씨. 또는 좋게 생각하여 주는 마음.

비슷한말 선심, 선의, 인정 **반대말** 악의

㉵ 내게 <u>호의</u>를 베푼 지수에게 고마웠다.

나는 선생님을 존경해서 <u>멸시</u>를 했어.
(   )

이웃의 <u>호의</u>에 감사를 표시했어.
(   )

민서는 정직해서 항상 친구들의 <u>불신</u>을 얻어.
(   )

1 다음 낱말의 뜻으로 알맞은 것을 찾아 ○표 하세요.

어휘
확인

(1) 실감하다

㉠ 실제로 체험하는 듯한 느낌을 받다. ( )
㉡ 어떤 견해나 의견에 같은 생각을 가지다. ( )

(2) 시선

㉠ 눈이 가는 길. 또는 눈의 방향. ( )
㉡ 이루려고 하는 일이나 나아가고자 하는 방향. ( )

2 다음 낱말의 뜻풀이에 들어갈 알맞은 낱말을 보기에서 찾아 쓰세요.

어휘
확인

보기
고약한, 친절한, 하찮게, 불편하게

(1) 멸시: 업신여기거나 ( ) 여겨 깔봄.
(2) 호의: ( ) 마음씨. 또는 좋게 생각하여 주는 마음.

3 다음 중 밑줄 친 낱말을 알맞게 사용하여 말한 친구에게 모두 ○표 하세요.

어휘
적용

정훈이는 휴대폰 가게 앞에서 시선을 떼지 못했어. ( )

자꾸 거짓말을 하는 짝에게 불신이 생겼어. ( )

숙제를 먼저 하고 놀자는 네 의견에 실감해. ( )

어휘 적용

4 다음 문장의 빈칸에 공통으로 들어갈 낱말은 무엇인가요? (   )

- [ ][ ]를 베풀어 주셔서 감사합니다.
- 나그네는 좀 더 묵었다 가라는 주인의 [ ][ ]를 받아들였다.
- 학원에 가야 해서 떡볶이를 사 주겠다는 친구의 [ ][ ]를 거절했다.

① 불의   ② 악의   ③ 주의
④ 호의   ⑤ 회의

어휘 확장

5 다음 낱말과 뜻이 비슷한 낱말을 보기에서 찾아 쓰세요.

보기

눈길, 무시, 선심, 의심

(1) [멸시] ― [   ]   (2) [불신] ― [   ]

관용 표현

6 다음 빈칸에 들어갈 한자 성어로 알맞은 것을 찾아 ○표 하세요.

수진: 교실에 폐쇄 회로 텔레비전(CCTV)을 설치하는 것에 찬성합니다. 교실에 폐쇄 회로 텔레비전(CCTV)을 설치하면 학교 폭력 문제를 예방할 수 있습니다.

이현: **동감합니다.** 교실에 폐쇄 회로 텔레비전(CCTV)을 설치하면 학생들 사이에 문제가 발생할 때마다 [   ]을/를 가리기도 쉬울 것입니다.

(1) 시시비비(是是非非): 여러 가지의 잘잘못.   (   )

(2) 개과천선(改過遷善): 지난날의 잘못이나 허물을 고쳐 올바르고 착하게 됨.   (   )

(3) 적반하장(賊反荷杖): 잘못한 사람이 아무 잘못도 없는 사람을 나무람을 이르는 말.

(   )

독해로
어휘 마무리

오늘의
나의 실력은?

최고야 좋았어 힘내자

8주 1일
정답 확인

[7~8] 다음 이야기를 읽고, 물음에 답하세요.

스크루지는 유령을 따라 도시 한복판에 갔다. 그곳에는 몇몇 사람들이 수군거리고 있었다.

"구두쇠 영감이 죽었대."

"그렇게 고약하더니. 아까운 돈을 두고 어떻게 죽었대."

모두들 **멸시**에 찬 어투로 비웃으며 말했다.

유령은 다시 스크루지를 데리고 한 묘지 앞으로 갔다. 스크루지는 떨면서 묘비 앞으로 다가갔다. 묘비에는 자신의 이름이 적혀 있었다. 스크루지는 ㉠**시선**을 떨구었다.

"이렇게 죽을 수는 없어요. 새사람이 될 테니 제발 이 묘비에서 제 이름을 지워 주세요."

스크루지는 유령에게 애원했다. 그러다가 잠에서 깼다.

'휴, 꿈이었구나. 그동안 남에게 **호의**를 베푸는 것에 너무 인색했어.'

스크루지는 황급히 일어나 지나가는 아이에게 오늘이 며칠이냐고 물었다.

"오늘은 크리스마스잖아요."

아이의 말을 들은 스크루지는 무척 기뻤다. 스크루지는 자신의 사무실에서 일하는 밥의 집에 제일 좋은 칠면조를 보냈다.

◆ **어투**: 말에 드러나는 기분이나 말을 하는 버릇.

◆ **떨구었다**: 시선을 아래로 향하였다.

◆ **인색했어**: 어떤 일을 하는 데에 몹시 쌀쌀하고 너그럽지 못했어.

7 이 글에서 일어난 일로 알맞은 것을 모두 찾아 기호를 쓰세요.

㉠ 유령은 스크루지의 잘못을 용서해 주었다.
㉡ 사람들은 스크루지의 죽음을 안타까워했다.
㉢ 스크루지는 꿈을 꾼 뒤 자신의 잘못을 뉘우쳤다.
㉣ 스크루지는 자신의 묘비를 보고 무척 괴로워했다.

(,   )

8 ㉠'시선'과 바꾸어 쓸 수 있는 낱말은 무엇인가요? (   )

① 눈가   ② 눈길   ③ 눈물
④ 눈치   ⑤ 눈속임

인간관계와 관련된 말 ②

✏️ 다음 낱말의 뜻을 보고, 초성에 알맞은 말을 써넣으세요.

항상 ㄱ ㅅ 을 갖춰 어른들을 대하는 모습이 참 기특해.

어른을 ㄱ ㄱ 하는 착한 어린이구나!

며칠 후부터 집 공사를 해서 소음이 발생할 수 있으니 ㅇ ㅎ 를 부탁드려요.

우리는 어린 시절부터 같은 동네에서 자란 ㅁ ㅇ 한 친구 사이야.

산과 강의 ㅈ ㅎ 로 유명한 우리 마을의 아름다운 자연환경이 자랑스러워요.

앞으로도 서로 ㅎ ㅎ 하며 모두 사이좋은 이웃으로 지내요.

오늘의 어휘

- **격식**(格 격식 격, 式 법 식): 격에 맞는 일정한 방식.   비슷한말 형식, 틀
- **공경**(恭 공손할 공, 敬 공경할 경)**하다**: 공손히 받들어 모시다.   비슷한말 높이다, 떠받들다, 모시다, 섬기다
- **막역**(莫 없을 막, 逆 거스를 역)**하다**: 허물없이 아주 친하다.   비슷한말 친하다, 절친하다, 친밀하다, 사이좋다
- **양해**(諒 믿을 양, 解 풀 해): 남의 사정을 잘 헤아려 너그러이 받아들임.   비슷한말 이해, 용납, 납득
- **조화**(調 고를 조, 和 화목할 화): 서로 잘 어울림.   비슷한말 어울림   반대말 부조화
- **화합**(和 화목할 화, 合 합할 합)**하다**: 화목하게 어울리다.

   비슷한말 융화하다   반대말 싸우다, 갈등하다, 불화하다

1 다음 뜻풀이에 알맞은 낱말을 찾아 선으로 이으세요.

어휘
확인

(1) 화목하게 어울리다. • • ㉮ 공경하다

(2) 허물없이 아주 친하다. • • ㉯ 막역하다

(3) 공손히 받들어 모시다. • • ㉰ 화합하다

2 다음 밑줄 친 낱말의 뜻에 맞게 (   )에 들어갈 알맞은 낱말을 찾아 ○표 하세요.

어휘
확인

(1) 우리 팀은 공격과 수비가 <u>조화</u>를 잘 이룬다.

➡ 서로 잘 (기다림, 어울림).

(2) 중요한 행사에 가기 위해 <u>격식</u>에 맞는 옷을 차려 입었다.

➡ 격에 맞는 일정한 (방식, 지식).

3 다음 문장에 어울리는 낱말을 보기에서 찾아 쓰세요.

어휘
적용

보기
양해, 조화

(1) 생물들은 생태계 안에서 서로 (   )을/를 이루며 산다.
(2) 점검으로 약 두 시간 동안 엘리베이터를 사용할 수 없으니 (   )을/를
부탁한다는 글이 붙어 있었다.

4 다음 그림과 문장을 보고, 상황에 어울리는 낱말을 찾아 ○표 하세요.

어휘
적용

(1)  성호는 나의 둘도 없는 친구이다.

(막역하다, 막연하다)

(2)  아빠는 할머니의 다리를 매일 주물러 드린다.

(공경하다, 공정하다)

5 다음 중 뜻이 반대인 낱말끼리 짝 지어진 것을 보기에서 찾아 기호를 쓰세요.

어휘
확장

보기

ㄱ 격식 – 형식 ㄴ 양해 – 이해

ㄷ 조화 – 부조화 ㄹ 화합하다 – 융화하다

( )

관용 표현

6 다음 빈칸에 들어갈 속담으로 알맞은 것을 찾아 ○표 하세요.

우리나라의 식사 예절에는 웃어른을 **공경하는** 마음이 담겨 있다. [   ]
는 말처럼, 웃어른이 수저를 든 후에야 식사를 시작했고, 웃어른이 식사를 마치고 일어나시기 전까지는 자리에서 일어서지 않았다. 이 밖에도 출입문에서 떨어진 곳에 웃어른이 앉았고, 웃어른과 음식을 먹는 속도도 맞추었다.

(1) 찬물도 위아래가 있다: 무엇에나 순서가 있으니, 그 차례를 따라 하여야 한다는 말.

( )

(2) 우물에 가 숭늉 찾는다: 일의 순서도 모르고 성급하게 덤빔을 빗대어 이르는 말.

( )

(3) 도랑 치고 가재 잡는다: 일의 순서가 바뀌어서 애쓴 보람이 없게 됨을 빗대어 이르는 말.

( )

독해로
어휘 마무리

오늘의
나의 실력은?
최고야 좋았어 힘내자

8주 2일
정답 확인

[7~8] 다음 설명하는 글을 읽고, 물음에 답하세요.

우리 조상들은 음식을 만들 때 음양을 상징하는 다섯 가지 색이 **조화**를 이루어야 먹는 사람이 건강하다고 생각했다. 오색이 조화를 이루는 전통 음식은 무척 많은데, 대표적인 것이 탕평채이다. 탕평채에는 깊은 뜻이 담겨 있다.

조선 영조 때 신하들은 서로 나뉘어 당파 싸움을 심하게 했다. 영조는 당파 싸움을 없애기 위해 각 당파의 사람을 골고루 뽑아서 쓰는 탕평책이라는 정책을 만들었다. 영조는 탕평책에 대해 이야기를 나누는 자리에 자신이 생각한 음식을 처음 선보였는데, 이것이 탕평채이다. 탕평채는 청포묵에 갖은 채소와 달걀지단, 쇠고기, 김 등을 얹어 버무린 것으로, 각 재료는 각 당파를 의미했다. 영조는 갖가지 색깔을 가진 재료가 조화를 이루는 탕평채처럼 신하들도 서로 **화합하여** 힘을 합치기를 바랐다.

이처럼 영조의 깊은 마음이 담겨 있는 탕평채는 오늘날에도 **격식** 있는 자리에 빠지지 않는 역사와 전통이 있는 음식이다.

◆ **음양:** 세상의 이치를 이루는 서로 반대되는 두 기운인 음과 양.
◆ **당파:** 정치적 목적이나 주장이 같은 사람들이 모여서 이룬 단체.
◆ **정책:** 정치적인 목적을 이루기 위한 방법.

7 이 글에 쓰인 낱말 중 '어울림'과 바꾸어 쓸 수 있는 것은 무엇인가요? (   )

① 격식   ② 조화   ③ 재료
④ 역사   ⑤ 전통

8 탕평채에 담긴 뜻으로 알맞은 것을 모두 고르세요. (,   )

① 화합   ② 지식   ③ 권력
④ 조화   ⑤ 효도

8주 3일

인간관계와 관련된 말 ③

✏️ 다음 낱말이 사용된 상황을 보고, 뜻에 맞는 낱말을 써넣어 사전을 완성하세요.

어휘 사전

❶ [ㄱ] [ㅎ] (見 볼 견, 解 풀 해)
: 어떤 사물이나 현상에 대한 자기의 의견이나 생각. **비슷한말** 의견, 생각, 의사

❷ [ㄷ] [ㅍ] (談 말씀 담, 判 판가름할 판)
: 서로 맞선 관계에 있는 쌍방이 의논하여 옳고 그름을 판단함.
비슷한말 의논, 협의

❸ [ㅂ] [ㅇ] (發 필 발, 言 말씀 언)**하다**
: 말을 꺼내어 의견을 나타내다.
비슷한말 말하다, 발의하다, 제안하다

❹ [ㅇ] [ㅈ] (言 말씀 언, 爭 다툴 쟁)
: 말로 옳고 그름을 가리는 다툼.
비슷한말 말다툼, 말싸움, 시비, 입씨름

❺ [ㅇ] [ㅇ] (異 다를 이, 意 뜻 의)
: 다른 의견이나 생각.
비슷한말 반론, 반대, 이견 **반대말** 동의

❻ [ㅎ] [ㅁ] (解 풀 해, 明 밝을 명)**하다**
: 까닭이나 내용을 풀어서 밝히다.
비슷한말 밝히다, 변명하다, 설명하다

1 다음 낱말의 뜻을 보기에서 찾아 기호를 쓰세요.

어휘
확인

보기

⊙ 다른 의견이나 생각.
ⓒ 말을 꺼내어 의견을 나타내다.
ⓒ 까닭이나 내용을 풀어서 밝히다.
ⓔ 서로 맞선 관계에 있는 쌍방이 의논하여 옳고 그름을 판단함.

(1) 이의 ········ (   )   (2) 담판 ········ (   )
(3) 발언하다 ··· (   )   (4) 해명하다 ··· (   )

2 다음 낱말의 뜻풀이에 들어갈 알맞은 낱말을 보기에서 찾아 쓰세요.

어휘
확인

보기

경험, 다툼, 의견, 조화

(1) 언쟁: 말로 옳고 그름을 가리는 (   ).
(2) 견해: 어떤 사물이나 현상에 대한 자기의 (   )이나 생각.

3 다음 대화를 읽고, 빈칸에 들어갈 낱말로 알맞은 것을 찾아 ○표 하세요.

어휘
적용

누리 : 초등학생이 화장을 해도 되는지에 대한 [   ]을/를 말씀해 주십시오.

솔이 : 저는 초등학생이 화장을 하는 것에 반대합니다. 너무 어린 나이에 화장을 하면 피부 건강에도 좋지 않기 때문입니다.

(1) 견제 (   )   (2) 견해 (   )   (3) 편견 (   )

4 다음 빈칸에 들어갈 알맞은 낱말을 찾아 선으로 이으세요.

(1) 층간 소음 문제로 이웃 간에 (   ) 이/가 벌어져 시끄러웠다.   · ㉮   담판

(2) 그 일에 직접 관계된 사람들끼리 만나서 (   )을/를 지었다.   ·   · ㉯   이의

(3) 수업 시간에 휴대 전화를 꺼 놓자는 주장에 아무도 (   )을/를 제기하지 않았다.   ·   · ㉰   언쟁

5 다음 글에서 밑줄 친 낱말과 뜻이 반대인 낱말을 찾아 쓰세요.

이 의견에 <u>이의</u>가 있으신 분은 손을 들어 주십시오. 없으면 모두 다 동의를 한 것으로 알겠습니다.

(   )

6 다음 밑줄 친 관용어의 뜻으로 알맞은 것을 찾아 ○표 하세요.

예지는 지훈이와 3시에 학교 앞에서 만나기로 했다. 그런데 지훈이가 약속에 늦었다. 지훈이는 약속 장소가 놀이터인 줄 알았다며 자신이 늦은 까닭을 **해명했다.** 평소에도 덜렁거리는 지훈이가 또 자신의 말을 대충 들은 것 같아 화가 났지만 예지는 하고 싶은 <u>말을 삼켰다.</u>

(1) 말을 하기 시작했다.   (   )
(2) 하려던 말을 그만뒀다.   (   )
(3) 말이 이치에 맞지 않았다.   (   )

독해로
어휘 마무리

오늘의
나의 실력은?
최고야 좋았어 힘내자

8주 3일
정답 확인

[7~8] 다음 전기문을 읽고, 물음에 답하세요.

930년, 거란의 소손녕 장군이 30만의 군사를 이끌고 고려로 쳐들어왔다.

"거란의 대군이 우리나라로 쳐들어오고 있다 하는데 어떻게 하는 게 좋겠소?"

고려의 성종 임금이 대신들에게 물었다.

"전하, 항복을 하는 게 좋겠습니다."

"전하, 그것보다 고려 땅 일부를 거란족에게 주는 것이 좋겠습니다."

신하들이 서로 **언쟁**을 벌이는 사이에 서희가 나섰다.

"전하, 항복은 절대 안 됩니다. 또한 우리 스스로 땅을 나눠 주는 것도 후손들에게 부끄러운 일입니다. 제가 소손녕 장군과 **담판**을 짓겠습니다."

서희가 자신만만한 태도로 자신의 **견해**를 밝혔다. 성종은 서희의 말을 따르기로 했다.

서희는 당당한 자세로 소손녕과 담판을 벌였다. 서희는 소손녕이 묻는 것마다 ˙논리적으로 대답하였다. 얼마 후 거란은 자신의 나라로 돌아갔다.

◆ **논리적**: 논리에 맞는 것.

7 이 글에 쓰인 다음 낱말과 뜻이 비슷한 낱말을 찾아 선으로 이으세요.

(1) 언쟁 •　　　　　　　　　• ㉮ 생각

(2) 담판 •　　　　　　　　　• ㉯ 의논

(3) 견해 •　　　　　　　　　• ㉰ 말다툼

8 이 글의 내용을 바르게 말한 것에 ○표 하세요.

(1) 서희의 외교 담판 때문에 고려는 거란과 싸우지 않을 수 있었어.　(　　)

(2) 서희는 성종 임금을 설득하기 위해서 고려 대신들과 언쟁을 벌였어.　(　　)

(3) 서희는 소손녕에게 고려 땅의 일부를 거란족에게 주겠다고 약속했어.　(　　)

인간관계와 관련된 말 ④

✏️ 다음 낱말이 사용된 상황을 보고, 초성에 알맞은 낱말을 써넣어 짧은 글을 완성하세요.

이 달의 모범왕

친절 왕

인사왕: 우리 반 친절왕은 누가 뭐라 해도 소연이지. 전학 와서 처음 대면하는 친구에게도 항상 친절하잖아.

맞아. 초면인 친구도 소외감을 느끼지 않도록 항상 잘 보듬어 줘. 소연이 덕분에 우리 반 친구들 모두 유대감이 끈끈한 것 같아.

그뿐만이 아니라 항상 인내하고 헌신하는 태도로 우리 반을 위해 봉사하지.

오늘의 어휘

- **대면**(對 대답할 대, 面 낯 면)**하다:** 서로 얼굴을 마주 보고 대하다.
  비슷한말 대하다, 만나다, 면접하다

- **소외감**(疏 트일 소, 外 바깥 외, 感 느낄 감): 남에게 따돌림을 당하여 멀어진 듯한 느낌.

- **유대감**(紐 맬 유, 帶 띠 대, 感 느낄 감): 서로 밀접하게 연결되어 있는 공통된 느낌.

- **인내**(忍 참을 인, 耐 견딜 내)**하다:** 괴로움이나 어려움을 참고 견디다.
  비슷한말 참다, 견디다, 버티다, 무릅쓰다

- **초면**(初 처음 초, 面 낯 면): 처음으로 대하는 얼굴. 또는 처음 만나는 처지. 반대말 구면

- **헌신**(獻 바칠 헌, 身 몸 신)**하다:** 몸과 마음을 바쳐 있는 힘을 다하다.
  비슷한말 바치다, 애쓰다, 봉사하다

📝 **짧은 글짓기**

① 나는 나와 고향이 같은 민주에게 [ㅇ ㄷ ㄱ]을 느꼈습니다.

② 나를 빼고 노는 언니와 오빠 때문에 [ㅅ ㅇ ㄱ]이 들어서 서운했습니다.

③ 힘들었지만 달리기 대회에서 일 등을 하기 위하여 [ㅇ ㄴ]하며 열심히 연습했습니다.

1 다음 낱말의 뜻으로 알맞은 것을 찾아 ○표 하세요.

어휘
확인

(1) 초면
- ㉠ 사물의 겉에 있거나 보이는 면. ( )
- ㉡ 처음으로 대하는 얼굴. 또는 처음 만나는 처지. ( )

(2) 헌신하다
- ㉠ 몸과 마음을 바쳐 있는 힘을 다하다. ( )
- ㉡ 위험을 피해 안전한 곳으로 몸을 숨기다. ( )

2 다음 뜻을 가진 낱말을 보기 에서 찾아 기호를 쓰세요.

어휘
확인

보기

㉠ 서로 얼굴을 마주 보고 대하다.
㉡ 괴로움이나 어려움을 참고 견디다.
㉢ 서로 밀접하게 연결되어 있는 공통된 느낌.
㉣ 남에게 따돌림을 당하여 멀어진 듯한 느낌.

(1) 소외감 …… ( )   (2) 유대감 …… ( )
(3) 대면하다 … ( )   (4) 인내하다 … ( )

3 다음 중 빈칸에 '초면'이 들어가기에 알맞지 <u>않은</u> 문장을 보기 에서 찾아 기호를 쓰세요.

어휘
적용

보기

㉠ 모인 사람들 중 몇 명만 알고 나머지는 모두 (   )이었다.
㉡ 잘난 척하다가 넘어지는 바람에 동생 앞에서 (   )을 구겼다.
㉢ 그 아이와 (   )이었지만 오래 사귄 친구처럼 말이 잘 통했다.

( )

4 다음 문장에 어울리는 낱말을 ( )에서 찾아 〇표 하세요.

어휘
적용

(1) 누나와 싸우고 난 뒤라 (대면하기가, 동면하기가) 껄끄러웠다.

(2) 힘들어도 (인내하면, 인색하면) 언젠가는 좋은 날이 올 것이다.

(3) 가족 모두가 함께 운동을 하면 (소외감, 유대감)을 쌓을 수 있다.

5 다음 중 뜻이 비슷한 낱말끼리 짝 지어진 것의 기호를 보기 에서 모두 찾아 쓰세요.

어휘
확장

보기

ⓐ 초면-모면   ⓑ 대면하다-대하다   ⓒ 인내하다-견디다

(,   )

관용 표현

6 다음 글을 읽고, 밑줄 친 내용과 관계있는 한자 성어를 찾아 〇표 하세요.

　시민 두 사람이 폭설로 도로가 마비되자 7시간 동안 교통정리를 해 화제가 되고 있습니다. 지난 12월 23일, 전라도 광주 지역에 많은 눈이 내려 도로를 지나던 차량들이 그대로 길에 멈췄습니다. 인근에서 타이어 가게를 운영하던 김〇〇 씨와 우연히 현장을 지나던 경찰 박〇〇 씨는 꼼짝 못하는 차량들을 손수 밀며 도로 정체 문제를 해결하기 위해 **헌신했습니다.** <u>자기 몸을 돌보지 않고 노력한 시민들의 노력</u>으로 도로 정체 문제가 해결된 것입니다.

(1) 대기만성(大器晩成): 크게 될 사람은 늦게 이루어짐을 이르는 말. (   )

(2) 분골쇄신(粉骨碎身): 뼈를 가루로 만들고 몸을 부순다는 뜻으로, 정성으로 노력함을 이르는 말. (   )

(3) 와신상담(臥薪嘗膽): 원수를 갚거나 마음먹은 일을 이루기 위하여 온갖 어려움과 괴로움을 참고 견딤을 빗대어 이르는 말. (   )

독해로
어휘 마무리

오늘의
나의 실력은?

최고야   좋았어   힘내자

8주 4일
정답 확인

[7~8] 다음 토론을 보고, 물음에 답하세요.

> 사회자: "신조어를 사용해도 괜찮은가"라는 주제로 토론을 하겠습니다. 저는 사회를 맡은 이
> 하준입니다. 먼저 찬성편이 주장을 펼치겠습니다.
>
> 찬성편: 신조어 사용에 찬성하는 까닭은 다음과 같습니다. 첫째, 신조어를 사용하면 짧고 빠
> 르게 대화할 수 있습니다. 따라서 대화하는 시간도 절약할 수 있습니다. 둘째, **유대
> 감**과 친밀감을 느낄 수 있습니다. 신조어를 사용하면 그 말을 알고 있는 상대방과 통
> 하는 느낌이 듭니다. 또 ㉠**초면**이나 어색할 때 신조어를 사용하면 분위기가 부드러
> 워져 친밀감을 느낄 수 있습니다.
>
> 반대편: 저희는 신조어 사용에 반대합니다. 그 까닭은 첫째, 신조어는 우리말을 파괴합니다.
> 신조어는 줄임 말이나 맞춤법에 맞지 않는 말들이 많기 때문입니다. 둘째, 신조어를
> 모르면 **소외감**을 느낄 수 있습니다. 신조어를 사용하여 대화할 경우 신조어를 모르
> 는 사람은 소외감을 느끼게 됩니다.
>
> ◆ **친밀감**: 지내는 사이가 매우 친하고 가까운 느낌.

7 찬성편과 반대편에서 주장을 뒷받침하기 위해 제시한 근거를 생각하며 빈칸에 알맞은 말을
쓰세요.

찬성편	• 신조어를 사용하면 짧고 빠르게 대화할 수 있습니다. • (1) ( )을/를 느낄 수 있습니다.
반대편	• 신조어는 우리말을 파괴합니다. • 신조어를 모르면 (2) ( )을/를 느낄 수 있습니다.

8 ㉠'초면'과 뜻이 반대인 낱말은 무엇인가요? (   )

① 겉면   ② 구면   ③ 정면

④ 평면   ⑤ 표면

인간관계와 관련된 말

✏️ 다음 뜻풀이를 보고, 십자말풀이를 완성하세요.

1	2					4	
				3			
	5	6			8		10
				7			
				9			

➡️ 가로

1 업신여기거나 하찮게 여겨 깔봄.

3 어떤 견해나 의견에 같은 생각을 가지다.

5 남의 사정을 잘 헤아려 너그러이 받아들임.

7 다른 의견이나 생각.

9 말을 꺼내어 의견을 나타내다.

⬇️ 세로

2 눈이 가는 길. 또는 눈의 방향.

4 허물없이 아주 친하다.

6 까닭이나 내용을 풀어서 밝히다.

8 친절한 마음씨. 또는 좋게 생각하여 주는 마음.

10 공손히 받들어 모시다.

[1~2] 다음에 제시된 낱말과 뜻이 비슷한 낱말을 글에서 찾아 쓰세요.

1

> 토론할 때에는 상대편의 발언을 바른 자세로 들어야 합니다. 상대편의 의견을 존중하면서 끝까지 듣고 의견이 같으면 공감하는 의미로 고개를 끄덕입니다.

동감하는 ━ [　　　　　]

2

> 수정이가 같은 반 아이를 험담했다는 소문이 학교에 퍼졌다. 소문이 사실이 아님을 밝혀야겠다고 생각한 수정이는 자신을 둘러싼 소문에 대해 자세히 알아보기로 했다.

해명해야겠다고 ━ [　　　　　]

[3~4] 다음 밑줄 친 낱말과 뜻이 반대되는 낱말을 찾아 ○표 하세요.

3

> 넬슨 만델라는 오랫동안 백인과 흑인이 갈등하던 남아프리카공화국에서 사람들이 <u>화합할</u> 수 있도록 노력한 지도자이다. 넬슨 만델라는 백인에게 차별받던 흑인의 인권을 위해 감옥에서 지내는 동안에도 인종 차별 정책이 잘못되었다는 것을 전 세계에 알렸다. 그리고 1994년 대통령에 당선된 후로 민족의 화해를 호소하며 백인과 흑인의 평등을 위해 노력하였다.

갈등할　　　노력할　　　당선될　　　호소할

4

> 인터넷에 올라 온 글에 대하여 짤막하게 답하여 올리는 글을 '댓글'이라고 한다. 댓글 중에는 상대가 올린 글에 대해 <u>호의</u>를 가지고 긍정적인 평가를 하는 글도 있지만, 악의를 가지고 ◆비하할 목적으로 쓴 글도 있다. 인터넷 공간에서도 예의를 갖추고 상대방의 입장에서 생각하는 태도를 가져야 한다.
>
> ◆**비하할:** 업신여겨 낮출.

긍정　　　악의　　　예의　　　입장

[5~6] 다음 글의 빈칸에 들어갈 알맞은 낱말을 찾아 ✓표 하세요.

5

> 우리 사회에는 아직도 성별이나 종교, 피부색이 다르다는 이유, 장애가 있다는 이유 등으로 차별을 당하는 사람들이 있다. 우리 사회를 구성하고 있는 다양한 사람들이 ____을/를 이루며 살기 위해서는 서로의 차이를 이해하고 존중하는 태도가 필요하다.

① 격식　　　　　② 견해　　　　　③ 시선

④ 언쟁　　　　　⑤ 조화

6

> 훈민정음은 세종 대왕이 1443년에 만든 우리나라 글자를 말해. 훈민정음이 처음 만들어졌을 때 훈민정음은 양반들에게 ____을/를 받아어. 양반들은 한자만 쓰려고 했지. 하지만 훈민정음의 편리함이 알려지면서 훈민정음은 백성들에게 빠르게 퍼져나갔어.

① 멸시　　　　　② 실감　　　　　③ 실시

④ 제시　　　　　⑤ 해명

7 다음 글에서 가장 중요한 낱말은 무엇인가요? (　　　　　)

> 전 세계의 모든 나라가 하나의 공동체가 되는 과정을 세계화라고 한다. 유럽 대륙에 속한 나라들이 경쟁력을 높이기 위해 유럽 연합(EU)을 만들어 서로 유대감을 가지고 화합하며 자유롭게 오가는 것이 세계화의 대표적인 사례이다. 세계화를 이루면 여러 나라에서 생산되는 물건 등을 싼값에 쉽게 구할 수 있고, 다양한 문화 교류가 가능하다. 하지만 한 나라의 경제 위기가 다른 나라에 영향을 미칠 수 있고, 다른 민족과 갈등이 생길 수도 있다.

① 경쟁력　　　　　　　② 세계화

③ 유럽 연합　　　　　　④ 문화 교류

⑤ 경제 위기

한 걸음 더!

○ '感'(감)이 들어간 낱말은 '느낌'과 관련 있어요. '感'(감)이 들어간 낱말을 알아보아요.

어휘 4단계 8주 5일 ④

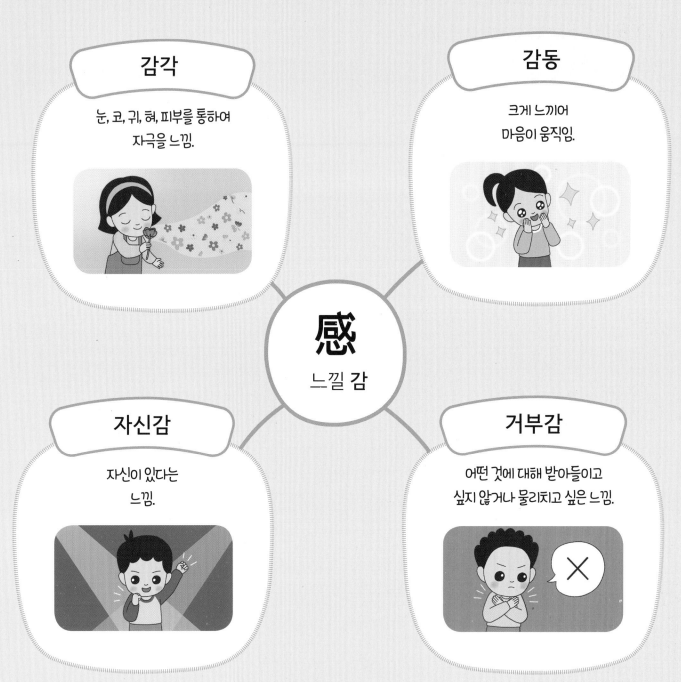

감각

눈, 코, 귀, 혀, 피부를 통하여
자극을 느낌.

감동

크게 느끼어
마음이 움직임.

感
느낄 **감**

자신감

자신이 있다는
느낌.

거부감

어떤 것에 대해 받아들이고
싶지 않거나 물리치고 싶은 느낌.

Q 다음 문장에 알맞은 낱말을 찾아 ○표 하세요.

(1) 책은 사람의 마음에 (감각, 감동)을 준다.

(2) (감각, 감동)에는 시각, 청각, 미각, 후각, 촉각이 있다.

(3) 이 음식은 야채를 싫어하는 사람들도 (거부감, 자신감) 없이 쉽게 먹을 수 있다.

하루 한장 어휘

바른답과 학부모 가이드

4단계 (3~4학년)

하루 한장 어휘의 효율적인 학습을 위한 특별 제공

❶ "바른답과 학부모 가이드"의 앞표지를 넘기면 '학습 계획표'가 있어요. 아이와 함께 학습 계획을 세워 보세요.

❷ "바른답과 학부모 가이드"의 뒤표지를 앞으로 넘기면 '붙임 학습판'이 있어요. 붙임딱지를 붙여 붙임 학습판의 그림을 완성해 보세요.

❸ 그날의 학습이 끝나면 '정답 확인' QR 코드를 찍어 학습 인증을 하고 하루템을 모아 보세요.

어휘 4단계 주제 학습 계획표

주차	일	주제	학습 어휘	학습한 날	부모님 확인
1주	1일	자료 활용과 관련된 말	검색하다, 대량, 대중, 매체, 영상, 인쇄	월 일	
	2일		도표, 분석, 수집하다, 의도, 주제, 체계적	월 일	
	3일		선정하다, 연출하다, 적절하다, 제작하다, 탐색하다, 편집하다	월 일	
	4일		동의, 상황, 저작권, 제시하다, 출처, 효과적	월 일	
	5일		1주 복습	월 일	
2주	1일	느낌이나 감정을 나타내는 말	고되다, 우중충하다, 잔잔하다, 촉촉하다, 투박하다, 평평하다	월 일	
	2일		더부룩하다, 따끈하다, 싱싱하다, 저리다, 푸근하다, 환하다	월 일	
	3일		감격하다, 애틋하다, 울적하다, 주저하다, 훈훈하다, 흡족하다	월 일	
	4일		불행하다, 산뜻하다, 야속하다, 태평하다, 평화롭다, 후련하다	월 일	
	5일		2주 복습	월 일	
3주	1일	우리 생활 환경과 관련된 말	생물, 영향, 요소, 인공, 자연환경, 환경	월 일	
	2일		민감하다, 밀접하다, 유발하다, 정화하다, 쾌적하다, 특성	월 일	
	3일		검출되다, 무분별하다, 오염되다, 온난화, 파괴되다, 폐수	월 일	
	4일		간척, 균형, 수거, 청정, 친환경, 터전	월 일	
	5일		3주 복습	월 일	
4주	1일	경제 활동과 관련된 말	무역, 소비자, 원산지, 유통, 합리적, 희소성	월 일	
	2일		과소비, 독과점, 불매, 품귀, 품절, 품질	월 일	
	3일		물가, 감소하다, 급등하다, 납부하다, 불황, 절감	월 일	
	4일		경공업, 자원, 고갈되다, 첨단, 축산업, 풍부하다	월 일	
	5일		4주 복습	월 일	
5주	1일	자연재해와 관련된 말	가뭄, 수해, 지진, 폭설, 호우, 재해	월 일	
	2일		규모, 넘실대다, 마비되다, 붕괴, 빈번하다, 위력	월 일	
	3일		고초, 대책, 복구하다, 요령, 이재민, 인명	월 일	
	4일		개선, 공사, 댐, 유실되다, 정비, 정상	월 일	
	5일		5주 복습	월 일	
6주	1일	신비로운 지구, 우주와 관련된 말	관측하다, 삭막하다, 착륙하다, 측정하다, 탐사하다, 태양계	월 일	
	2일		감축하다, 대기, 육지, 작용하다, 표면, 회전하다	월 일	
	3일		발사하다, 비행하다, 유용하다, 은하, 인공위성, 중력	월 일	
	4일		화산, 폭발하다, 분출하다, 분화구, 지층, 차단하다	월 일	
	5일		6주 복습	월 일	
7주	1일	아름다운 미술, 문화와 관련된 말	단순하다, 디자인, 실용적, 전시하다, 추상적, 특정	월 일	
	2일		본뜨다, 빚다, 새기다, 쓸모, 옹기, 장인	월 일	
	3일		걸작, 명암, 미완성, 입체적, 탁하다, 회화	월 일	
	4일		기법, 바래다, 소재, 여백, 초상화, 풍속화	월 일	
	5일		7주 복습	월 일	
8주	1일	인간관계와 관련된 말	동감하다, 멸시, 불신, 시선, 실감하다, 호의	월 일	
	2일		격식, 공경하다, 막역하다, 양해, 조화, 화합하다	월 일	
	3일		견해, 담판, 발언하다, 언쟁, 이의, 해명하다	월 일	
	4일		대면하다, 소외감, 유대감, 인내하다, 초면, 헌신하다	월 일	
	5일		8주 복습	월 일	

바른답과 학부모 가이드

4단계 (3~4학년)

※ 예쁜 붙임딱지를 붙이면서 하루 한장과 함께 즐겁게 공부해 보세요!

1주 자료 활용과 관련된 말

1 (1) ㉡ (2) ㉠ (3) ㉣ (4) ㉢

2 (1) 사람 (2) 찾아내다

3 (1) 검색 (2) 대중 (3) 매체

4 (1) 인쇄 (2) 영상

5 ①　　**6** (1) ○

7 (1) 인쇄 (2) 영상

8 ⑤

3 날씨가 궁금해서 인터넷에서 찾아보았다는 말이므로 (1)의 문장에는 '검색하다'가 어울립니다. 공연장에서 가수의 노래를 따라 부른 수많은 사람이 있는 것이므로 (2)의 문장에는 '대중'이 어울립니다. 라디오 같은 것을 수단으로 활용하여 신제품을 알리기로 했다는 뜻이므로 (3)의 문장에는 '매체'가 어울립니다.

4 책은 잉크를 사용하여 글, 그림, 사진 등을 종이에 찍어 낸 것이므로 문장에 어울리는 낱말은 '인쇄'입니다. 스마트폰으로 촬영한 모습이 스마트폰의 화면에 나타나는 것이므로 문장에 어울리는 낱말은 '영상'입니다.

5 '대중'은 '수많은 사람의 무리.'를 뜻하므로 '한곳에 모인 많은 사람들.'을 뜻하는 '군중'과 뜻이 비슷하여 바꾸어 쓸 수 있습니다.

6 제시된 글은 많은 수량의 물건을 살수록 더 많은 혜택이 있다는 내용입니다. 따라서 '많으면 많을수록 더욱 좋음.'을 뜻하는 '다다익선'이 이 글의 내용에 어울리는 한자 성어입니다.

7 종이책이나 신문, 잡지는 잉크를 사용하여 글, 그림, 사진 같은 것을 종이에 찍어 낸 매체 자료이므로 ㉠은 '인쇄'가 알맞습니다. 영화나 텔레비전은 화면에 나타나는 모습이 있는 매체 자료이므로 ㉡은 '영상'이 알맞습니다.

① 의도 **②** 수집 **③** 분석

1 (1) ㉯ (2) ㉰ (3) ㉮

2 (1) 중심 (2) 모았다

3

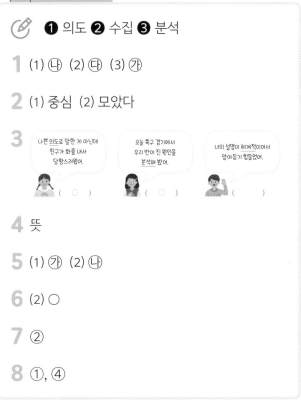

4 뜻

5 (1) ㉮ (2) ㉯

6 (2) ○

7 ②

8 ①, ④

3 '체계적'은 '전체가 일정한 원리에 따라 단계적으로 잘 짜여진 것.'이라는 뜻입니다. 설명이 체계적이면 알아듣기 힘들지 않았을 것이므로 '체계적'은 잘못 사용한 것입니다.

4 '의도'는 '무엇을 하고자 하는 생각이나 계획.'을 뜻하므로 '무엇을 하겠다고 속으로 먹는 마음.'을 뜻하는 '뜻'과 바꾸어 쓸 수 있습니다.

5 (1)과 (2)의 문장에 쓰인 '주제'는 모양이 같지만 뜻이 다른 낱말입니다. (1)에 쓰인 '주제'는 '못난 처지나 형편.'을 뜻합니다. (2)에 쓰인 '주제'는 '대화나 연구 등에서 중심이 되는 문제.'를 뜻합니다.

6 '수박 겉 핥기'는 박물관을 대충 보고 나온 상황에 쓸 수 있습니다. (1)에서는 무엇을 얻거나 성취하기가 매우 어려운 경우를 이르는 속담인 '하늘의 별 따기'를, (3)에서는 하기가 매우 쉬운 것을 이르는 속담인 '누워서 떡 먹기'를 쓰는 것이 알맞습니다.

7 '수집하다'는 '취미나 연구를 위하여 여러 가지 물건이나 재료를 찾아 모으다.'라는 뜻이므로 뜻이 비슷한 낱말은 '모으다'입니다.

8 '나'는 인터넷에서 발표할 자료를 수집하였고 누나의 도움을 받아 수집한 자료를 정리하였습니다. '나'는 내일 친구들 앞에서 발표를 할 생각에 떨려서 가슴이 뛴다고 하였습니다.

1 (1) ㉡ ○ (2) ㉡ ○

2 (1) 선정 (2) 편집

3 탐색하다가

4 (1) ㉡ (2) ㉢ (3) ㉮

5 ④, ⑤   **6** (2) ○

7 (1) 만들면 (2) 뽑을

8 ①, ③

3 진실을 밝히려고 살피어 찾는 것은 '드러나지 않은 사실을 찾아내거나 밝히기 위해 살피어 찾다.'라는 뜻의 '탐색하다'라는 낱말과 뜻이 통합니다.

4 선선한 날씨가 여행을 다니기에 꼭 알맞다는 말이므로 (1)의 문장에는 '적절'이 들어가는 것이 어울립니다. 실제 있었던 일을 바탕으로 영화를 만들었다는 말이므로 (2)의 문장에는 '제작'이 들어가는 것이 알맞습니다. 실력이 비슷한 선수들 중에서 최고의 선수를 뽑아 정하는 것이 어려웠다는 말이므로 (3)의 문장에는 '선정'이 들어가는 것이 알맞습니다.

5 '알맞다'는 '넘치거나 모자라지 않고 꼭 맞다.'를 뜻하고, '적합하다'는 '일이나 조건 등에 꼭 알맞다.'를 뜻하므로 '꼭 알맞다.'라는 뜻을 지닌 '적절하다'와 뜻이 비슷하여 바꾸어 쓸 수 있습니다.

7 '제작하다'는 '재료를 가지고 새로운 물건이나 예술 작품을 만들다.'라는 뜻이므로 '만들다'와 바꾸어 써도 뜻이 통합니다. '선정하다'는 '여럿 가운데서 어떤 것을 뽑아 정하다.'라는 뜻이므로 '뽑다'와 바꾸어 써도 뜻이 통합니다.

✏️ ❶ 동의 ❷ 상황 ❸ 저작권 ❹ 제시 ❺ 출처 ❻ 효과적

1 (1) 과정 (2) 인정 (3) 근거 (4) 말

2 (1) 좋은 (2) 권리

3 (1) ㉯ (2) ㉮

4

학급 문고를 깨끗이 정리하자는 의견을 제시했어.	음식을 한꺼번에 많이 먹어야 건강에 표과적이야.	인터넷에 있는 글은 저작권이 있어서 그대로 베껴 써도 돼.
(○)	( )	( )

5 ⑤   **6** (3) ○

7 (2) ○   **8** ①, ②

3 힘들고 어려운 과정이나 형편에서도 용기를 잃지 않았다는 말이므로 ㉮의 문장에는 '상황'이라는 낱말이 어울립니다. 문화재 사진을 찾은 곳이 국립 경주 박물관이라는 말이므로 ㉯에는 '출처'라는 낱말이 어울립니다.

4 '효과적'은 '어떠한 것을 하여 좋은 결과가 드러나는 것.'이라는 뜻입니다. 음식을 한꺼번에 많이 먹는 것이 건강을 좋게 하는 것이 아니므로 '효과적'은 잘못 사용한 것입니다. '저작권'은 '책이나 예술 작품을 지은 사람이 자기가 지은 것에 대해 가지는 권리.'이므로 저작권이 있는 글은 베껴 쓰면 안 됩니다.

5 '동의'는 '다른 사람의 행동을 허락하거나 인정함.'을 뜻하므로 '요구하거나 부탁하는 것을 들어줌.'을 뜻하는 '허락'과 뜻이 비슷합니다.

6 「토끼의 간」에서 토끼는 자신의 간을 꺼내야 하는 위급한 상황에 처했을 때 그 자리에서 꾀를 내어 무사히 육지로 돌아왔다고 했으므로 '그때그때 처한 형편에 맞추어 알맞게 일을 처리하는 것.'이 '임기응변'의 뜻으로 알맞습니다. (1)은 '역지사지'의 뜻이고, (2)는 '동문서답'의 뜻입니다.

7 다른 사람이 만든 결과물을 이용하기 전에 미리 저작권자에게 허락을 얻어야 한다는 말이므로 ㉠'용서'는 '동의'로 고쳐야 합니다. '용서'는 '지은 죄나 잘못을 벌하지 않고 너그럽게 덮어 주는 것.'을 뜻하므로 문장에 알맞지 않습니다. ㉡'이유'는 '어떤 일이 일어난 까닭.'을 뜻하므로 '사물이나 말 같은 것이 생기거나 나온 근거.'라는 뜻을 지닌 '출처'로 고쳐야 합니다.

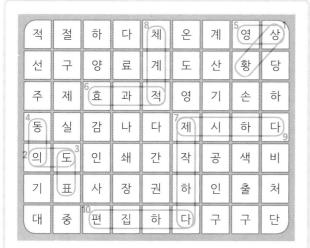

적	절	하	다	체	온	계	영	상
선	구	양	료	계	도	산	황	당
주	제	효	과	적	영	기	손	하
동	실	감	나	다	제	시	하	다
의	도	인	쇄	간	작	공	색	비
기	표	사	장	권	하	인	출	처
대	중	편	집	하	다	구	구	단

1 (1) ○

2 (1) ○

3 ㉡, ㉢

4 ㉠, ㉣

5 영상

6 분석한

7 예 글을 읽을 때에는 글쓴이가 그 글을 쓴 의도를 파악해야 한다.

8 예 언니는 용돈을 모아서 떡볶이를 사 먹자는 말을 하며 내 동의를 구했다.

한 걸음 더! (1) 밀집 (2) 집중 (3) 채집

1 '체계적'의 뜻은 '전체가 일정한 원리에 따라 단계적으로 잘 짜여진 것.'입니다. '미리 준비하지 않고 그 자리에서 느낌이나 기분에 따라 하는 것.'은 '즉흥적'의 뜻입니다.

3 '아주 많은 분량이나 수량.'을 뜻하는 '대량'과 서로 뜻이 반대인 낱말은 '적은 분량.'을 뜻하는 '소량'입니다.

4 '대화나 연구 등에서 중심이 되는 문제.'를 뜻하는 '주제'와 뜻이 비슷한 낱말은 '토론에서 따져 보고자 하는 주제'를 뜻하는 '논제'입니다.

6 어린이 보호 구역에서 최근 발생한 교통사고를 보고 따져 밝힌 결과를 말한 것으로 보아, '얽혀 있거나 복잡한 것을 풀어서 하나하나 따져 밝히다.'라는 뜻을 지닌 '분석하다'가 들어갈 말로 알맞습니다.

한 걸음 더! 우리 동네에 아파트가 모여 있어서 인구가 많다는 말이므로 '밀집'이 알맞습니다. 도서관이 조용해서 책을 읽는 일에 힘을 쏟아부었다는 말이므로 '집중'이 알맞습니다. 할머니 댁에서 곤충을 잡으며 놀았다는 말이므로 '채집'이 알맞습니다.

2주 느낌이나 감정을 나타내는 말

✏️ ❶ 고되다 ❷ 우중충 ❸ 잔잔 ❹ 촉촉 ❺ 투박 ❻ 평평

1 (1) ㉢ (2) ㉮ (3) ㉯

2 (1) 젖은 (2) 둔하고

3 ㉠

4 (1) 잔잔하여 (2) 평평해서

5 ②, ⑤

6 (1) ○ (2) ○

7 ④

8 ②, ④

3 '날씨나 분위기가 어둡고 침침하다.'라는 뜻을 지닌 '우중충하다'는 비가 쏟아질 것 같은 상황을 나타낸 문장인 ㉠에 들어가기에 알맞습니다. ㉡에는 '밝아지다', '좋아지다' 등이, ㉢에는 '설레다', '들뜨다' 등의 낱말이 어울립니다.

4 수영을 즐기기에 좋았다는 것은 파도가 심하지 않았다는 것이므로 '바람이나 물결이 심하지 않고 움직임이 거의 없다.'라는 뜻의 '잔잔하다'가 들어갈 낱말로 알맞습니다. 자동차가 흔들림 없이 잘 달렸다는 것은 도로 상태가 좋았다는 것이므로 '바닥이 고르고 판판하다.'라는 뜻의 '평평하다'가 들어갈 낱말로 알맞습니다.

5 '고되다'와 뜻이 비슷한 낱말은 '일이 몹시 피곤할 정도로 힘들다.'라는 뜻의 '고단하다'와 '힘이 모자라거나 부족하여 어떤 일을 당해 내기 어렵다.'라는 뜻의 '힘겹다'입니다.

6 '고진감래'는 여러 번 실패한 뒤에 백열전구를 발명한 에디슨과 힘든 훈련을 견뎌 내고 금메달을 딴 선수들에게 어울리는 한자 성어입니다. (3)은 두 사람이 서로 다투는 사이에 다른 사람이 힘들이지 않고 이익을 대신 얻는다는 뜻을 지닌 '어부지리'가 어울리는 예입니다.

8 '평평하다'는 '물건의 표면이 높낮이가 없이 평평하고 너르다.'라는 뜻을 지닌 '판판하다', '바닥이 평평하다.'라는 뜻을 지닌 '평탄하다'와 뜻이 비슷합니다.

1 (1) 밝다 (2) 따뜻하고

2 (1) ㉡ (2) ㉢ (3) ㉠

3

우리 집 거실은 햇빛이 잘 들어서 아주 환해.
(○)

소화제를 먹었더니 체했던 속이 더부룩해졌어.
( )

우유를 따끈하게 식혀 먹었더니 너무 차가웠어.
( )

4 (1) 싱싱한 (2) 푸근해서

5 따뜻한 **6** (1) ○ (2) ○

7 ② **8** ①, ②

3 '더부룩하다'는 '소화가 잘되지 않아 배 속이 편하지 않다.'라는 뜻입니다. 소화제를 먹으면 소화가 되어 더부룩했던 속이 시원해지므로 '더부룩해졌어'는 잘못 사용한 것입니다. '따끈하다'는 '꽤 따뜻하고 더운 느낌이 있다.'라는 뜻이므로 '따끈하게' 식혀 먹었다는 표현은 잘못 사용한 것입니다.

4 시들지 않은 것은 '싱싱하다'라는 낱말과 뜻이 통하고, 부드럽고 따뜻하여 편안한 느낌은 '푸근하다'라는 낱말과 뜻이 통합니다.

5 '꽤 따뜻하고 더운 느낌이 있다.'라는 뜻을 가진 '따끈하다'와 뜻이 비슷한 낱말은 '덥지 않을 정도로 온도가 알맞게 높다.'라는 뜻을 가진 '따뜻하다'입니다.

6 '도둑이 제 발 저리다'는 지은 죄가 있으면 자연히 마음이 조마조마하여짐을 비유적으로 이르는 말입니다. (3)에서는 형편이 전에 비하여 나아진 사람이 어렵던 때의 일을 생각하지 않고 처음부터 잘난 듯이 뽐냄을 비유적으로 이르는 속담인 '개구리 올챙이 적 생각 못한다'를 쓰는 것이 알맞습니다.

7 '싱싱하다'는 '시들거나 상하지 않고 생기가 있다.'라는 뜻으로, '채소나 과일, 생선 등이 싱싱하다.'라는 뜻을 지닌 '신선하다'와 뜻이 비슷합니다.

8 윤후는 할머니와 함께 시장에 있는 생선 가게에서 갈치를 사고 국숫집에서 잔치국수를 사 먹었습니다. ③, ④, ⑤는 이 글에서 일어난 일이 아닙니다.

❶ 울적 **❷** 주저 **❸** 흡족

1 (1) ㉠ ○ (2) ㉠ ○

2 (1) 주저 (2) 감격 (3) 흡족

3 (1) 🥾 (2) 🌙

4 우림, 규헌

5 (1) ㉣ (2) ㉡ (3) ㉠ (4) ㉢

6 (3) ○ **7** ①, ④

8 감격했다

1 (1)의 '그리워서 마음이 슬프고 아프다.'는 '애틋하다'의 뜻입니다. (2)의 '사람의 성격이나 태도가 다정하지 않고 차갑다.'는 '쌀쌀맞다'의 뜻입니다.

3 발표를 할까 말까 망설이다가 손을 든 것이므로 (1)의 문장에는 '주저하다'가 어울립니다. '마음에 깊이 느끼어 크게 감동하다.'라는 뜻인 '감격하다'는 어울리지 않습니다. 농부는 포도가 탐스럽게 열린 것에 만족하여 바라보았을 것이므로 (2)의 문장에는 '흡족하다'가 어울립니다.

4 '울적하다'는 '마음이 답답하고 쓸쓸하다.'라는 뜻입니다. 엄마가 무사히 퇴원을 하게 되면 마음이 답답하고 쓸쓸하지는 않을 것이므로 예진이가 말한 '울적한'은 잘못 사용한 것입니다.

5 '쓸쓸하다'는 '마음이 외롭고 허전하다.', '망설이다'는 '이리저리 생각만 하고 태도를 결정하지 못하다.', '따뜻하다'는 '감정, 태도, 분위기 등이 정답고 포근하다.', '만족하다'는 '마음에 들어서 흐뭇하고 좋다.'라는 뜻입니다.

6 버스 기사가 쓰러진 시민에게 심폐 소생술을 하는 모습이 감동적이었다고 버스 승객의 느낌을 전하고 있으므로, '어떤 일에 감격하거나 슬퍼서 눈물이 나오려 하다.'를 뜻하는 '콧등이 시큰하다'가 들어가는 것이 알맞습니다.

7 심 봉사는 심청을 애틋하게 그리워하였고, 심청을 다시 만났을 때 눈을 떴습니다.

8 '감동하다'는 '강하게 느끼어 마음의 변화를 일으키다.'라는 뜻으로, '마음에 깊이 느끼어 크게 감동하다.'의 뜻을 지닌 '감격하다'와 뜻이 비슷합니다.

1 (1) ㉠ (2) ㉡ (3) ㉢ (4) ㉣

2 (1) 편안하다 (2) 섭섭하다

3 야속해요

4 (1) 산뜻하다 (2) 평화롭다

5 행복한 **6** (1) ○ (3) ○

7 ③ **8** 후련하게

2 '태평하다'의 뜻은 '아무 근심 없이 아주 편안하다.'이고, '야속하다'의 뜻은 '인정이 없게 굴어 언짢고 섭섭하다.'입니다.

3 형호는 지호 편만 들어 주시는 아빠에게 언짢고 섭섭한 마음이 들었을 것이므로, 빈칸에는 '야속해요'가 들어가는 것이 알맞습니다.

4 우영이는 운동을 한 뒤 샤워를 해서 기분이 상쾌해졌으므로 '산뜻하다', 할머니는 낮잠을 자는 손자의 얼굴을 행복한 표정으로 바라보고 있으므로 '평화롭다'라는 말이 어울립니다.

5 '불행하다'는 '행복하지 않다.'라는 뜻이므로 뜻이 반대인 낱말은 '행복하다'입니다.

6 오빠가 동생에게 시험이 끝나서 후련하다고 말하는 상황입니다. 따라서 걱정거리였던 것이 없어져 시원함을 이르는 '앓던 이 빠진 것 같다', '십 년 묵은 체증이 내리다'가 상황에 어울리는 속담입니다.

8 '편안하다'는 '편하고 걱정 없이 좋다.', '후련하다'는 '마음에 답답하게 맺혔던 것이 풀려 시원하다.', '산뜻하다'는 '기분이나 느낌이 깨끗하고 상쾌하다.'라는 뜻입니다.

1 어두침침 **2** 밝다

3 차게 **4** 행복하고

5 ③ **6** ⑤

7 ④

한 걸음 더! (1) 온화 (2) 화목 (3) 화해

1 '날씨나 분위기가 어둡고 침침하다.'라는 뜻의 '우중충하다'와 뜻이 비슷한 낱말은 '어둡고 침침해서 흐릿하다.'라는 뜻의 '어두침침하다'입니다.

2 '빛이 비치어 맑고 밝다.'라는 뜻을 지닌 '환하다'와 뜻이 비슷한 낱말은 '불빛 등이 환하다.'라는 뜻의 '밝다'입니다.

5 세종 대왕은 백성이 평안해야 한다고 생각했습니다. 따라서 빈칸에는 '아무 근심 없이 아주 편안한.'이라는 뜻의 '태평한'이 들어가는 것이 알맞습니다.

6 채소를 파는 아저씨께서 오이 한 개를 덤으로 더 주셨다는 문장을 살펴보면, 빈칸에는 '마음을 부드럽게 녹여 주는 따뜻함이 있는.'이라는 뜻의 '훈훈한'이 들어가는 것이 알맞습니다.

한 걸음 더! 예지는 성격이나 태도가 온순하고 부드러워 화를 잘 내지 않는다는 말이므로 '온화'가 알맞습니다. 우리 가족이 대화를 많이 나누는 것은 뜻이 맞고 정답게 지내기 위한 것이므로 '화목'이 알맞습니다. 정호가 미안하다고 해서 싸움이 끝났다는 말이므로 '화해'가 알맞습니다.

3주 우리 생활 환경과 관련된 말

✏️ ❶ 생물 ❷ 영향 ❸ 요소 ❹ 인공 ❺ 자연환경 ❻ 환경

1 (1) 사람 (2) 성분 (3) 영향

2 (1) 생물 (2) 자연환경

3 연승

4 (1) 요소 (2) 인공　　**5** (1) 생물 (2) 인공

6 (3) ○

7 ③　　　　　　　　**8** 자연환경

3 '자연환경'은 '산, 강, 바다, 동물, 식물, 비 등과 같은 자연의 조건이나 상태.'라는 뜻입니다. 옷, 음식, 건축물은 자연의 조건이나 상태가 아니고 사람의 힘으로 만들어진 것이므로 '자연환경'은 잘못 사용한 것입니다.

4 무엇을 이루는 중요한 조건은 '요소'라는 낱말과 뜻이 통하고, 사람의 힘으로 만든 것은 '인공'이라는 낱말과 뜻이 통합니다.

5 '생물'은 '생명이 있는 동물과 식물.'을 뜻하므로 '무생물'과 뜻이 반대이고, '인공'은 '자연적인 것이 아니라 사람의 힘으로 만들어 낸 것.'을 뜻하므로 '자연'과 뜻이 반대입니다.

6 제시된 글은 사막에 사는 선인장과 여우가 건조하고 더운 환경에 잘 적응하여 살아남을 수 있었다는 내용입니다. 따라서 '환경에 적응하는 생물만이 살아남고, 그렇지 못한 것은 줄어들어 없어지는 현상.'을 뜻하는 '적자생존'이 글의 내용에 어울리는 한자 성어입니다.

7 이 신문 기사는 오늘날 동물원의 역할이 예전과 달라지고 있다는 내용을 전하고 있습니다.

8 동물들이 야생성을 잃지 않도록 동물원을 꾸며 놓았다고 했으므로 ㉠에는 '산, 강, 바다, 동물, 식물, 비 등과 같은 자연의 조건이나 상태.'를 뜻하는 '자연환경'이 들어가기에 알맞습니다.

✏️ ❶ 밀접 ❷ 유발 ❸ 특성

1 (1) ㉢ (2) ㉡ (3) ㉠

2 (1) 일어나게 (2) 가깝게

3 (1) ㉯ (2) ㉮

4 예민하게　　　　　　**5** ㉡, ㉣

6 (3) ○

7 ④, ⑤　　　　　　　**8** ①, ②, ④

3 식물이 실내 공기를 깨끗하게 만들어 준다는 말이므로 ㉮의 문장에는 '정화'가 들어가는 것이 알맞습니다. 자연환경은 노력하지 않으면 더 훼손되는 성질을 가지고 있다는 말이므로 ㉯의 문장에는 '특성'이 들어가는 것이 알맞습니다.

4 '민감하다'는 '자극에 빠르게 반응을 보이거나 쉽게 영향을 받는 데가 있다.'라는 뜻이므로 '무엇인가를 느끼는 능력이나 분석하고 판단하는 능력이 빠르고 뛰어나다.'라는 뜻을 지닌 '예민하다'와 뜻이 비슷합니다.

5 '둔하다'의 뜻은 '감각이나 느낌이 예리하지 못하다.'이므로 '민감하다'와 뜻이 반대입니다. '불쾌하다'의 뜻은 '못마땅하여 기분이 좋지 않다.'이므로 '쾌적하다'와 뜻이 반대입니다. ㉠과 ㉢은 서로 뜻이 비슷한 관계의 낱말입니다.

6 '바늘 가는 데 실 간다'는 친구와 탁구공, 탁구채가 항상 같이 있는 상황에 쓸 수 있습니다. (1)에서는 '소 잃고 외양간 고친다'를, (2)에서는 '배보다 배꼽이 더 크다'를 쓰는 것이 알맞습니다.

7 ㉠의 앞 문장에 새집 증후군은 몸에 이상 증상이 나타나는 현상이라는 내용이 나오므로, ㉠이 들어간 문장은 몸에 나타나는 새집 증후군 증상과 관련된 내용임을 짐작할 수 있습니다. 따라서 ㉠에는 '어떤 것이 다른 일을 일어나게 하다.'라는 뜻을 지닌 '유발하다', '일으키다'라는 낱말이 들어가야 합니다.

8 글의 첫째 문단에 새집 증후군의 뜻과 새집 증후군의 증상이, 둘째, 셋째 문단에 새집 증후군을 없애는 방법이 나와 있습니다. 이 글을 통해서는 공기 정화 식물의 이름이나 접착제나 벽지 등에서 빠져나오는 물질의 종류는 알 수 없습니다.

1 (1) 더럽게 (2) 높아지는 (3) 더러운

2 (1) ㉯ (2) ㉮

3

( )한 개발로 자연이 파괴되고 있다.

우리말이 훼손되지 않게 외래어를 ( )하게 사용하지 말자.

손님에게 ( )하게 대한다는 소문이 돌자 식당에 사람이 많다.

4 (1) 폐수 (2) 검출 (3) 오염

5 ⑤　　　　**6** (1) ○

7 ⑤　　　　**8** ④

3 바른 생각이나 판단을 하지 않은 개발로 자연이 파괴되고, 바른 생각이나 판단을 하지 않은 외래어 사용으로 우리말이 훼손되고 있다는 것이므로, 첫 번째와 두 번째 문장에는 '무분별'이 들어가기에 알맞습니다. 세 번째 문장에는 손님에게 친절하게 대하지 않았다는 뜻을 지닌 '불친절'이 들어갈 말로 어울립니다.

4 공장에서 쓰고 난 뒤에 버리는 더러운 물에서 중금속 물질이 검사를 통해 발견되었다는 것이므로 ㉠에는 '폐수'가, ㉡에는 '검출'이 들어가는 것이 알맞습니다. 생선이나 조개가 중금속으로 물들었다는 말이므로 ㉢에는 '오염'이 들어가는 것이 알맞습니다.

6 파괴된 자연을 다시 되돌릴 수 없는 상황을 '엎지른 물'에 빗대어 표현했습니다. 따라서 '엎지른 물'은 '다시 바로잡거나 되돌릴 수 없는 일을 빗대어 이르는 말.'임을 짐작할 수 있습니다. (2)는 '꿩 대신 닭', (3)은 '공든 탑이 무너지랴'라는 속담의 뜻입니다.

1 (1) ㉣ (2) ㉠ (3) ㉡ (4) ㉢

2 (1) 흙 (2) 땅

3

청정 지역이라서 공기가 너무 나빠.

간척 공사를 하면 바다가 훨씬 넓어져.

환경 보호를 위해 쓰레기 수거 작업에 참여하기로 했어. (○)

4 친환경

5 불

6 (1) ○

7 (1) ㉮ (2) ㉯　　　　**8** ③

1 '균형'의 뜻은 '어느 한쪽으로 기울거나 치우치지 않고 고른 상태.'이고, '수거'의 뜻은 '거두어 감.'입니다. '청정'의 뜻은 '맑고 깨끗함.'이고, '터전'의 뜻은 '생활의 중심이 되는 곳.'입니다.

3 '청정'은 '맑고 깨끗함.'이라는 뜻이므로, 공기가 너무 나쁘다는 말과 함께 사용한 것은 잘못 사용한 것입니다. 바다를 흙으로 메워 땅으로 만드는 것이 간척 공사이므로 간척 공사를 하면 바다가 넓어진다는 표현은 알맞지 않습니다.

4 오염 물질을 배출하지 않는 전기 차, 환경 오염 물질을 유발하지 않는 벽지, 농약을 전혀 사용하지 않고 키운 농산물에는 '자연환경을 오염하지 않고 자연 그대로의 환경과 잘 어울리는 일.'이라는 뜻을 지닌 낱말인 '친환경'이 어울립니다.

5 '균형'은 '어느 한쪽으로 기울거나 치우치지 않고 고른 상태.'라는 뜻입니다. '균형'과 뜻이 반대인 낱말은 '어느 편으로 치우쳐 고르지 않음.'을 뜻하는 '불균형'입니다.

6 성규는 간척 사업의 장점을, 지민이는 간척 사업의 단점을 각각 말하였습니다. 호영이는 두 친구의 말을 듣고 간척 사업의 좋은 점과 나쁜 점을 알게 되었으므로, 어떤 한 면에서의 장점과 다른 면에서의 단점을 통틀어 이르는 말을 뜻하는 '일장일단'이 들어갈 한자 성어로 알맞습니다.

8 '균형'은 '어느 한쪽으로 기울거나 치우치지 않고 고른 상태.'를 뜻하는 낱말로, '사물이 한쪽으로 기울지 않고 안정해 있음.'이라는 뜻의 '평형'과 뜻이 비슷합니다.

7

1 ③

2 ④

3 둔한

4 불균형

5 청정

6 파괴되고

7 ①, ④, ⑤

한 걸음 더! (1) 생명 (2) 생활 (3) 고생

1 '어떤 것에만 있는 특별한 성질.'을 뜻하는 '특성'과 뜻이 서로 통하여 바꾸어 쓸 수 있는 낱말은 '사물이나 현상이 가지고 있는 고유의 특성.'을 뜻하는 '성질'입니다.

2 '기분이 상쾌하고 즐겁다.'라는 뜻의 '쾌적하다'와 뜻이 서로 통하여 바꾸어 쓸 수 있는 낱말은 '기분이나 느낌 등이 시원하고 산뜻하다.'라는 뜻의 '상쾌하다'입니다.

3 '민감하다'는 '자극에 빠르게 반응을 보이거나 쉽게 영향을 받는 데가 있다.'라는 뜻으로, '감각이나 느낌이 예리하지 못하다.'라는 뜻을 지닌 '둔하다'와 서로 뜻이 반대입니다.

5 '깨끗한 자연 속 천연기념물 반딧불이가 살고 있는 무주'라고 했으므로 '맑고 깨끗함.'을 뜻하는 '청정'이라는 낱말이 들어가기에 알맞습니다.

6 빈칸 바로 앞 부분에 '무분별한 개발'이라는 내용과 빈칸 뒤에 이어진 문장으로 보아, '조직, 질서, 관계 등이 깨뜨려져 무너지다.'라는 뜻을 지닌 '파괴되다'가 들어갈 낱말로 알맞습니다.

한 걸음 더! 의사가 환자를 살리려고 했다는 말이므로 '생명'이 알맞습니다. 침팬지가 살아가는 것을 관찰하고 연구하였다는 말이므로 '생활'이 알맞습니다. 아버지께서 집안 형편이 어려워서 고된 일을 많이 겪으셨다는 말이므로 '고생'이 알맞습니다.

4주 경제 활동과 관련된 말

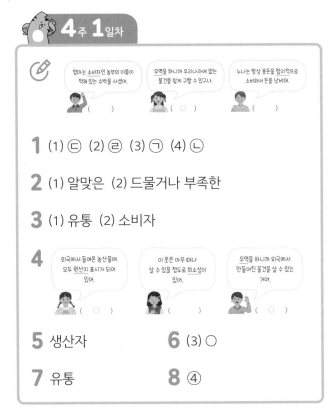

1 (1) ㄷ (2) ㄹ (3) ㄱ (4) ㄴ

2 (1) 알맞은 (2) 드물거나 부족한

3 (1) 유통 (2) 소비자

4
- 외국에서 들여온 농산물에 모두 원산지 표시가 되어 있어. (○)
- 이 옷은 아무 때나 살 수 있을 정도로 희소성이 있어. ( )
- 무역을 하니까 외국에서 만들어진 물건을 살 수 있는 거야. (○)

5 생산자

6 (3) ○

7 유통

8 ④

3 생산자와 소비자가 직접 만나 거래를 하면 상품이 소비자에게 오기까지 과정의 단계가 줄어든다는 말이므로 빈칸에 들어갈 알맞은 낱말은 '유통'입니다. 제품을 살 때 물건에 대한 정보를 살펴보아야 하는 사람은 소비자이므로 빈칸에 들어갈 알맞은 낱말은 '소비자'입니다.

4 옷을 아무 때나 살 수 있는 것은 사람들이 필요로 하는 것에 비해 물건이 많은 상태라는 것이므로 '희소성'은 잘못 사용한 것입니다.

5 '소비자'의 뜻은 '생산자가 만든 물건이나 서비스 등을 돈을 주고 사는 사람.'이므로 '물건이나 서비스 등을 생산하는 사람.'을 뜻하는 '생산자'와 뜻이 반대입니다.

6 은결이가 무엇을 먹을지 고민하는 것이 결정을 잘 못하는 성격이기 때문이라고 말하는 상황입니다. 따라서 '어떻게 할지 얼른 마음 먹지 못하고 망설이기만 함.'이라는 뜻의 '우유부단'이 대화의 내용에 어울리는 한자 성어입니다.

7 공정 무역 단체들이 생산자와 직거래로 제값에 농작물을 사들였다는 내용이 나오므로, ㉠에는 '상품이 생산자에게서 소비자에게 오기까지의 과정.'이라는 뜻의 '유통'이 들어가기에 알맞습니다.

1 (1) 과소비 (2) 독과점

2 (1) ⓛ ○ (2) ⓛ ○ **3** (1) ⓝ (2) ㉮

4 (1) 과소비 (2) 품질 (3) 독과점

5 ① **6** (2) ○

7 ② **8** ②, ③, ⑤

3 무더위가 계속되어 선풍기를 구하기가 어려웠다는 말이
므로 (1)의 문장에는 '품귀'가 어울립니다. 소비자들은 오
염된 물질이 검출된 제품을 사지 않겠다는 운동을 벌였다
는 말이므로 (2)의 문장에는 '불매'가 어울립니다.

4 돈을 지나치게 많이 써서 용돈이 빨리 떨어진 것이므로
(1)의 문장에는 '과소비'가 들어가는 것이 어울립니다. 운
동화를 오래 신을 수 있었던 까닭이 드러나야 하므로 (2)
의 문장에는 '품질'이 들어가는 것이 알맞습니다. 동네마
다 적은 수의 대형 빵집이 유통을 차지하며 작은 빵집들
이 없어진 것이므로 (3)의 문장에는 '독과점'이 들어가는
것이 알맞습니다.

5 '품절'의 뜻은 '물건이 다 팔리고 없음.'이므로 '하나도 남
지 않고 모두 다 팔려 동이 남.'이라는 뜻의 '매진'과 뜻이
비슷하여 바꾸어 쓸 수 있습니다.

6 사과가 많이 팔려 나가고 있는 상황을 '날개 돋친'이라는
말로 표현한 것입니다. '날개 돋치다'는 '상품이 빠른 속도
로 팔려 나가다.'라는 뜻임을 알 수 있습니다.

7 '품질'의 뜻은 '물건의 성질과 바탕.'이므로 '속성, 가치, 쓸
모, 등급 등과 같은 물건의 바탕이 되는 성질.'을 뜻하는
'질'과 뜻이 비슷하여 바꾸어 쓸 수 있습니다.

✏️ ❶ 물가 ❷ 감소 ❸ 급등 ❹ 납부 ❺ 불황
❻ 절감

1 (1) ㉠ (2) ㉡ (3) ㉢

2 (1) 좋지 않은 (2) 올랐다

3 훈재

4 (1) ㉠ (2) ㉡

5 (4) ○ **6** (1) ○

7 불황 **8** ⑤

1 '아끼어 줄임.'은 '절감', '수나 양이 줄다.'는 '감소하다', '세
금이나 등록금 등을 국가 또는 공공 기관에 내다.'는 '납부
하다'의 뜻입니다.

2 '불황'의 뜻은 '나라의 경제 활동 상황이 좋지 않은 상태.'
이고, '급등하다'의 뜻은 '물가 같은 것이 갑자기 오르다.'
입니다.

3 무더위가 계속되면 에어컨 사용량이 감소하는 것이 아니
라 증가하게 되므로 낱말을 잘못 사용한 친구는 훈재입니
다.

4 멀리 여행을 가지 않은 것은 물건이나 서비스의 평균적인
가격이 올랐기 때문이므로 ㉠ '물가'는 (1)의 뜻입니다. 물
이 있는 곳의 가장자리에 가서 물놀이를 했다는 말이므로
㉡ '물가'는 (2)의 뜻입니다.

5 '급등하다'는 '물가 같은 것이 갑자기 오르다.'라는 뜻으로
'급락하다'와 뜻이 반대입니다. '불황'과 '불경기', '절감'과
'절약', '납부하다'와 '내다'는 뜻이 비슷한 말이고, '감소하
다'와 '증가하다'는 뜻이 반대인 말입니다.

6 배가 고플 때 허리띠를 잡아당겨 배고픔을 참듯이 쓰고
싶은 것을 쓰지 않고 먹고 싶은 것을 먹지 않고 검소한 생
활을 하는 상황을 표현할 때 '허리띠를 졸라매다'라는 관
용어를 사용합니다.

7 수출이 늘어났다는 말은 경제 활동 상황이 좋은 상태라는
것을 의미하므로 '호황'과 뜻이 반대인 낱말은 '나라의 경
제 활동 상황이 좋지 않은 상태.'를 뜻하는 '불황'입니다.

8 IMF 외환 위기 당시 우리나라는 금리가 급등하고 물가가
안정되지 않았습니다.

❶ 자원 ❷ 고갈 ❸ 풍부

1 (1) ㉰ (2) ㉤ (3) ㉱

2 (1) 축산업 (2) 경공업

3 풍부하지는

4 (1) ● (2) ◉

5 중공업

6 (1) ○   **7** ⑤

8 고갈될

1 '자원'의 뜻은 '석유나 나무처럼 사람들의 생활에 필요한 것을 만드는 데 쓰이는 원료.', '첨단'의 뜻은 '시대나 학문, 유행 등의 가장 앞서는 자리.', '고갈되다'의 뜻은 '자원이나 물질 같은 것이 다 써서 없어지다.'입니다.

2 '가축을 길러서 얻은 원료를 이용하여 제품을 만드는 산업.'은 '축산업'을 뜻하고, '식료품, 종이 등 부피에 비하여 무게가 가벼운 물건을 만드는 공업.'은 '경공업'을 뜻합니다.

3 '풍부하다'의 뜻은 '넉넉하고 많다.'입니다.

4 로봇 산업은 뛰어난 기술을 필요로 하는, 시대를 앞서는 산업이므로 (1)의 문장에는 '첨단'이 들어가는 것이 알맞습니다. 한정된 자원은 언젠가는 다 써서 없어진다는 말이므로 (2)의 문장에는 '고갈될'이 들어가는 것이 알맞습니다.

5 '경공업'은 '식료품, 종이 등 부피에 비하여 무게가 가벼운 물건을 만드는 공업.'을 뜻하고, '중공업'은 '부피에 비하여 무게가 비교적 무거운 물건을 만드는 공업.'을 뜻합니다.

6 제시된 글은 에너지 절감과 대체 에너지 개발을 하여 에너지 위기에 대비하자는 내용입니다. 따라서 '미리 준비가 되어 있으면 걱정할 것이 없음.'을 뜻하는 '유비무환'이 어울립니다.

7 가축의 분뇨는 고체 연료와 바이오 가스 등 신재생 에너지를 생산할 수 있는 자원이라는 내용을 전하고 있습니다.

8 '고갈되다'는 '자원이나 물건 같은 것이 다 써서 없어지다.', '확산되다'는 '흩어져 널리 퍼지게 되다.'라는 뜻입니다.

¹희					⁵독	⁶과	점
²소	비	³자				소	
성		⁴원	산	지		비	
					⁸풍		
			⁷납	부	하	다	
					하		
	⁹불	매			다		
	황						

1 (1) ○   **2** (1) ○

3 ㉢, ㉤   **4** ㉠, ㉣

5 유통   **6** 급등해

7 📝 아버지께서는 여행 경비 절감을 위해 인터넷 검색으로 싼 항공편을 알아보셨다.

8 📝 과소비를 막기 위해 미리 무엇을 살지 목록을 작성했다.

한 걸음 더! (1) 졸업 (2) 직업 (3) 업적

3 '수나 양이 줄다.'라는 뜻을 지닌 '감소하다'와 서로 뜻이 반대인 낱말은 '수나 양이 늘다.'라는 뜻을 지닌 '증가하다'입니다.

5 슈퍼마켓은 공장, 도매상 등을 거쳐 소비자에게 물건을 팔기 때문에 가격이 비싼 것이라고 했으므로 '상품이 생산자에게서 소비자에게 오기까지의 과정.'이라는 뜻의 '유통'이 들어가는 것이 알맞습니다.

6 장마철 폭우가 내리면 채소 가격은 비싸질 것이므로 '물가 같은 것이 갑자기 오르다.'라는 뜻을 지닌 '급등하다'가 들어갈 낱말로 알맞습니다.

한 걸음 더! 초등학교 과정을 모두 마치고 중학생이 되었다는 말이므로 '졸업'이 알맞습니다. 수의사를 일로 삼고 싶다는 말이므로 '직업'이 알맞습니다. 세종 대왕이 훈민정음 창제라는 결과를 이룩했다는 말이므로 '업적'이 알맞습니다.

5주 자연재해와 관련된 말

1 (1) ㉠ ○ (2) ㉡ ○

2

| 갑자기 많이 내리는 눈. | 줄기차게 내리는 크고 많은 비. | 오랫동안 계속하여 비가 내리지 않아 메마른 날씨. |

3 ㉢

4 (1) ㉮ (2) ㉰ (3) ㉯

5 장마

6 (3) ○

7 ③, ④

8 ③

1 (1) ㉯ (2) ㉰ (3) ㉮

2 (1) 부드럽게 (2) 많게

3 ㉡

4

| 관리 | 금지 | 마비 | 준비 |

5 ②

6 (1) ○

7 잦게

8 ④

---

2 '갑자기 많이 내리는 눈.'은 '폭설', '줄기차게 내리는 크고 많은 비.'는 '호우'의 뜻입니다.

3 ㉢은 지진으로 인한 피해를 입은 사람들을 위해 모금 운동을 벌였다는 내용이므로, '재해'가 들어가는 것이 알맞습니다.

4 ㉮는 장마철에 강물이 불어났다는 내용이 있으므로 줄기차게 내리는 많은 비인 '호우'가, ㉯는 건물이 심하게 흔들렸다는 내용이 있으므로 땅이 흔들리는 현상인 '지진'이, ㉰는 길이 얼어붙어 미끄럽다는 내용이 있으므로 많이 내리는 눈인 '폭설'이 들어가기에 알맞습니다.

5 '오랫동안 계속하여 비가 내리지 않아 메마른 날씨.'를 뜻하는 '가뭄'과 뜻이 반대인 낱말은 '장마'입니다. '장마'는 '여름철에 여러 날을 계속해서 비가 내리는 현상이나 날씨. 또는 그 비.'를 뜻하는 낱말입니다.

7 집이나 논밭이 물에 잠긴다는 내용이 앞에 나오므로 '장마나 홍수로 인한 피해.'를 뜻하는 '수해'가 들어가는 것이 알맞습니다. '물난리'는 '수해'와 뜻이 비슷한 낱말입니다.

---

3 '규모'는 '사물이나 현상의 크기나 범위.'를 뜻하는 낱말이므로, ㉡의 '규모가 길다'는 표현은 알맞지 않습니다.

4 첫 번째 문장은 기차 운행이 제대로 되지 않았다는 내용이고, 두 번째 문장은 교통 기관이 제 기능을 하지 못했다는 내용일 것입니다. 따라서 '어떤 일에 문제가 생겨 제 기능을 하지 못하게 되다.'를 뜻하는 '마비되다'가 사용되는 것이 알맞습니다.

5 '위력'은 '상대방을 눌러 꼼짝 못 하게 할 만큼 매우 강력함. 또는 그런 힘.'을 뜻하는 낱말로, '힘' 또는 '위세'와 뜻이 비슷합니다. '빈번하다'는 '어떤 일이나 현상 등이 일어나는 횟수가 많다.'를 뜻하는 낱말로 '잦다'와 뜻이 비슷합니다.

6 자신을 희생하여 다른 사람의 목숨을 구하려고 한 소방관의 이야기이므로, '자기 자신을 희생하여 어진 행동을 함.'을 뜻하는 '살신성인'이 어울립니다.

7 '잦다'는 '잇따라 자주 있다.'라는 뜻이므로 '빈번하다'와 뜻이 비슷합니다.

❶ 이재민 ❷ 고초 ❸ 복구

1 (1) ㉣ (2) ㉢ (3) ㉡ (4) ㉠

2 (1) 재해 (2) 되돌리다

3

기계에 요령이 생겨서 사용할 수 없어.	끊어진 다리를 복구하고 있어.	이번 물난리로 이재민이 많이 생겼어.
( )	(○)	(○)

4 (1) 대책 (2) 인명 (3) 고초

5 ③　　　6 (3) ○

7 ㉼　　　8 ②, ④

❶ 개선 ❷ 공사 ❸ 댐 ❹ 유실 ❺ 정비
❻ 정상

1 (1) 공사 (2) 정비 (3) 정상

2 (1) 없어지다 (2) 양

3 ④

4 (1) ㉯ (2) ㉠　　　5 비

6 ④　　　7 (1) ㉢ (2) ㉠

8 ①, ④, ⑤

2 '이재민'은 '재해를 입은 사람.'이라는 뜻이고, '복구하다'는 '고장 나거나 파괴된 것을 이전의 상태로 되돌리다.'라는 뜻입니다.

3 '요령'은 '경험을 통해 얻은 이치나 방법.'을 뜻하는 낱말이므로, 기계에 요령이 생겨서 사용할 수 없다는 내용은 알맞지 않습니다.

4 (1)은 학교 폭력을 없애기 위한 계획을 마련해야 한다는 의미이므로 '대책'이, (2)는 구조대가 구조하는 대상인 사람의 목숨을 뜻하는 '인명'이, (3)은 전쟁터에 끌려가 겪은 괴로움과 어려움인 '고초'가 들어가는 것이 알맞습니다.

5 '대책'은 '어려운 상황을 이겨낼 수 있는 계획.'이라는 뜻으로, '일을 처리하거나 해결하여 나갈 방법이나 계획.'이라는 뜻의 '방안'과 뜻이 비슷합니다.

6 10여 척의 배로 300척이 넘는 배를 상대하여 이기는 것은 매우 어려운 일이므로, '대항해도 도저히 이길 수 없는 경우를 빗대어 이르는 말.'인 '계란으로 바위 치기'가 들어가는 것이 알맞습니다.

7 '고초'와 '고난', '요령'과 '방법', '대책'과 '대안'은 뜻이 비슷합니다. '원주민'은 '어떤 지역에 원래부터 살고 있던 사람들.'을 뜻하는 말로, '재해를 입은 사람.'을 뜻하는 '이재민'과 뜻이 비슷하지 않습니다.

8 ○○시에서 발생한 산불로 인명 피해는 발생하지 않았다고 했고, 성금이 227억 원에 달한다고 했으므로 사람들이 관심을 가지지 않는 것은 아닙니다. 또, 축구장 530개 규모의 산림이 탔다고 했습니다.

2 '유실되다'는 '떠내려가서 없어지다.'를 뜻하고, '댐'은 '강이나 바닷물을 막아 물의 양을 조절하고 전기를 일으키기 위해 쌓은 둑.'을 뜻합니다.

3 ㉠ 앞에 큰비가 계속되었다는 내용이 나오므로, ㉠에 들어갈 말은 큰비로 도로가 떠내려갔다는 의미일 것이므로 '유실'이 알맞습니다. ㉡ 앞에 도로 복구공사가 마무리되었다는 내용이 나오는 것으로 보아, 내일부터 제대로 수업을 할 수 있을 것이므로 ㉡에는 '정상'이 들어가기에 알맞습니다.

4 ㉠는 막힌 수도관부터 제 기능을 하도록 정리하자는 것이므로, '도로나 시설이 제 기능을 하도록 정리함.'이라는 뜻의 '정비'가 알맞습니다. ㉯는 수질을 더 좋게 만드는 일을 하기 위해 마을 사람들이 힘을 모았다는 것이므로 '잘못된 것이나 부족한 것, 나쁜 것 등을 고쳐 더 좋게 만듦.'이라는 뜻의 '개선'이 알맞습니다.

5 '정상'은 '특별히 바뀌어 달라진 것이나 탈이 없이 제대로인 상태.'라는 뜻입니다. '정상'과 뜻이 반대인 낱말은 '바뀌거나 탈이 생겨 제대로가 아닌 상태.'를 뜻하는 '비정상'입니다.

6 간단히 해결할 수 있었던 일을 내버려 두었다가 큰 힘을 들이게 된 상황은 ④입니다.

7 '보완'은 '모자라거나 부족한 것을 보충하여 완전하게 함.'을 뜻하므로 '개선'과 뜻이 비슷합니다. '떠내려가다'는 '물 위에 떠서 물결을 따라 옮겨 가다.'를 뜻하므로 '유실되다'와 뜻이 비슷합니다.

8 댐은 홍수나 가뭄을 예방하고 농사에 필요한 물을 대며 전기를 생산하는 역할을 한다고 했으므로, ②와 ③은 알맞지 않습니다.

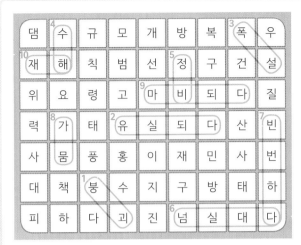

댐	수	규	모	개	방	복	폭	우
재	해	칙	범	선	정	구	건	설
위	요	령	고	마	비	되	다	질
력	가	태	유	실	되	다	산	빈
사	뭄	풍	홍	이	재	민	사	번
대	책	붕	수	지	구	방	태	하
피	하	다	괴	진	넘	실	대	다

1 되돌리기　　　**2** 방안

3 드물게　　　**4** 이상

5 ②　　　　　**6** ③

7 ①

한 걸음 더!　(1) 방재　(2) 수재　(3) 재앙

1 '복구하다'는 '고장 나거나 파괴된 것을 이전의 상태로 되돌리다.'라는 뜻이므로, '어떤 대상이나 현상을 원래의 상태가 되게 하다.'라는 뜻의 '되돌리다'와 뜻이 비슷합니다.

2 '대책'은 '어려운 상황을 이겨낼 수 있는 계획.'을 뜻하므로, '일을 처리할 방법이나 계획.'을 뜻하는 '방안'과 뜻이 비슷합니다.

3 '드물다'는 '어떤 일이 일어나는 횟수가 많지 않다.'라는 뜻으로, '어떤 일이나 현상 등이 일어나는 횟수가 많다.'라는 뜻의 '빈번하다'와 뜻이 반대입니다.

4 '정상'은 '특별히 바뀌어 달라진 것이나 탈이 없이 제대로인 상태.'를 뜻하므로, '정상적인 것과 다름.'을 뜻하는 '이상'과 뜻이 반대입니다.

7 내진 설계는 우리 모두의 안전을 위해 중요하다고 했으므로 글쓴이는 내진 설계를 해야 한다는 생각을 말하고 싶은 것임을 알 수 있습니다.

한 걸음 더!　산불을 대비하기 위해 훈련을 했다고 하였으므로, '방재'가 알맞습니다. 비가 많이 와서 강이 넘치는 재난이 발생한 것이므로 '수재'가 알맞습니다. 환경 오염이 우리에게 불행한 사고를 가져올 수 있다는 것이므로 알맞은 낱말은 '재앙'입니다.

6주　신비로운 지구, 우주와 관련된 말

✏️　❶ 관측　❷ 삭막　❸ 착륙　❹ 측정　❺ 탐사
　　❻ 태양계

1 (1) ㄹ　(2) ㄷ　(3) ㄴ　(4) ㄱ

2 (1) 내렸다　(2) 돌고

3 (1) 🌙　(2) 🌑　　**4** ①

5 (1) ㉰　(2) ㉯　(3) ㉮

6 (1) ○

7 ③　　　　　　**8** ②

2 '착륙하다'는 '비행기 등이 공중에서 활주로나 판판한 곳에 내리다.', '태양계'는 '태양과 그것을 중심으로 돌고 있는 지구를 비롯한 천체의 집합.'이라는 뜻입니다.

3 (1)은 태양과 여덟 개의 행성이 있다는 내용이므로 '태양계'가, (2)는 체온을 잰다는 내용이므로 '측정한다'가 알맞습니다. (2)에서 '알려지지 않은 사물이나 사실 등을 샅샅이 더듬어 조사하다.'라는 뜻의 '탐사하다'는 알맞지 않습니다.

4 엄마는 사막의 쓸쓸하고 황폐한 환경에 대하여 설명하고 있으므로 '삭막한'이 들어가는 것이 알맞습니다.

5 '관측하다'는 '사물이나 현상을 주의하여 자세히 살펴보다.'라는 뜻의 '관찰하다'와, '탐사하다'는 '드러나지 않은 사물이나 현상 등을 찾아내거나 밝히기 위하여 살피어 찾다.'라는 뜻의 '탐색하다'와, '측정하다'는 '자, 저울 등 길이, 면적, 무게 양 등이나 온도, 시간, 강도 등을 재는 기구나 장치를 이용하여 길이, 너비, 높이, 깊이, 무게, 온도, 속도 등의 정도를 알아보다.'라는 뜻의 '재다'와 뜻이 비슷합니다.

6 '눈에 띄다'는 '두드러지게 드러나다.'라는 뜻입니다. (2)는 '눈을 똑바로 뜨다', (3)은 '눈에 어리다'의 뜻입니다.

7 '착륙하다'는 '비행기 등이 공중에서 활주로나 판판한 곳에 내리다.'를 뜻하므로, '공중에서 땅으로 내리다.'라는 뜻의 '착지하다'와 뜻이 비슷합니다.

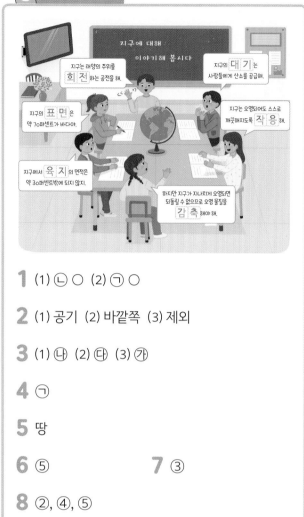

1 (1) ㉡ ○ (2) ㉠ ○

2 (1) 공기 (2) 바깥쪽 (3) 제외

3 (1) ㉯ (2) ㉰ (3) ㉮

4 ㉠

5 땅

6 ⑤   **7** ③

8 ②, ④, ⑤

---

1 '작용하다'의 뜻은 '어떠한 현상을 일으키거나 영향을 미치다.'이고, '회전하다'의 뜻은 '어떤 것을 중심으로 하여 그 주위를 빙빙 돌다.'입니다. (1)의 ㉠은 '움직이다'의 뜻이고, (2)의 ㉡은 '되돌리다.'의 뜻입니다.

3 지구가 태양 주위를 돈다는 뜻이므로 '지구는 태양의 주위를 회전한다.', 쌀 생산량을 줄인다는 뜻이므로 '올해는 쌀 생산량을 감축하기로 결정했다.', 운이 영향을 미쳤다는 뜻이므로 '이번 시험에 합격한 데에는 실력보다 운이 많이 작용한 것 같아.'와 같이 문장을 만드는 것이 알맞습니다.

4 ㉡과 ㉢에 넣어 각각 피부의 가장 바깥쪽과 태양의 가장 바깥쪽을 나타낼 수 있습니다. ㉠에는 '중심' 등의 낱말을 사용할 수 있습니다.

5 '육지'와 뜻이 비슷한 낱말은 '강이나 바다와 같이 물이 있는 곳을 제외한 지구의 겉면.'을 뜻하는 '땅'입니다.

7 '수나 양을 원래보다 적게 하다.'라는 뜻의 '줄이다'가 '덜어서 줄이다.'를 뜻하는 '감축하다'와 뜻이 비슷합니다.

1 (1) ㉰ (2) ㉯ (3) ㉮

2 (1) 끌어당기는 (2) 무리

3 인공위성을 타고 여름휴가를 갔어. ( )   두더지가 땅속을 비행하며 먹이를 찾았어. ( )   냉장고는 음식을 신선하게 보관하는 데에 유용하게 사용돼. (○)

4 ④   **5** ㉣

6 (2) ○

7 ㉠   **8** ④

---

2 '중력'은 '지구가 지구 위의 물체를 끌어당기는 힘.'을 말하고, '은하'는 '흰 구름 모양으로 길게 보이는 수많은 천체의 무리.'를 말합니다.

3 '인공위성'은 '지구와 같은 행성 둘레를 돌면서 관찰할 수 있도록 로켓을 이용하여 쏘아 올린 물체.'이므로, 인공위성을 타고 휴가를 갔다는 표현은 잘못 사용된 것입니다. '비행하다'는 '공중으로 날아가거나 날아다니다.'라는 뜻이므로, 땅속을 비행했다는 표현은 잘못 사용된 것입니다.

4 우주 공간에 없고, 사람이 땅 위에 서 있을 수 있게 해 주는 것이라고 했으므로 빈칸에 공통으로 들어갈 낱말은 '지구가 지구 위의 물체를 끌어당기는 힘.'인 '중력'입니다.

5 ㉣은 뜻이 서로 반대인 낱말끼리 짝 지은 것이고, 나머지는 모두 뜻이 비슷한 낱말끼리 짝 지은 것입니다.

6 우리나라의 고속도로에 폐쇄 회로 텔레비전이 많이 설치되어 있어서 범죄 예방이나 수사에 유용할 것 같지만 4대 가운데 3대 꼴로 화질이 좋지 않다고 했으므로, 어울리는 속담은 '빛 좋은 개살구'입니다.

7 일본 경찰이 쏜 총에 목숨을 잃기도 했다는 내용이 자연스럽기 때문에 '발사'가 들어가는 것이 알맞습니다.

8 이미 인공위성이 우주 쓰레기에 부딪히는 사고가 일어났고, 미국의 한 마을에 로켓 연료 탱크가 떨어져 피해를 입기도 했다는 내용이 나오므로 ④는 알맞지 않습니다.

✏️ ❶ 분출 ❷ 화산 ❸ 폭발

1 (1) ㉢ (2) ㉠ (3) ㉡

2 (1) 오랜 (2) 구멍

3 (1) 분출 (2) 분화구 (3) 지층

4 (1) 차단하려고 (2) 폭발해서

5 ②　　　　**6** ②

7 ②　　　　**8** ④

1 '불이 일어나며 갑작스럽게 터지다.'는 '폭발하다', '액체나 기체 등의 흐름을 막거나 끊어서 통하지 못하게 하다.'는 '차단하다', '액체나 기체 상태의 물질이 솟구쳐서 뿜어져 나오다. 또는 그렇게 되게 하다.'는 '분출하다'의 뜻입니다.

2 '지층'은 '자갈, 모래, 진흙, 화산재 등이 오랜 시간 동안 쌓여 이루어진 층.'이고, '분화구'는 '화산이 폭발할 때 가스, 수증기, 화산재, 용암 등이 내뿜어져 나오는 구멍.'입니다.

3 (1)에는 '액체나 기체 상태의 물질이 솟구쳐서 뿜어져 나오다. 또는 그렇게 되게 하다.'라는 뜻의 '분출하다'가 (2)에는 '화산이 폭발할 때 가스, 수증기, 화산재, 용암 등이 내뿜어져 나오는 구멍.'을 뜻하는 '분화구'가, (3)에는 '자갈, 모래, 진흙, 화산재 등이 오랜 시간 동안 쌓여 이루어진 층.'을 뜻하는 '지층'이 사용되어야 합니다.

4 (1)의 밑줄 친 부분은 '차단하다'와 바꾸어 쓸 수 있고, (2)의 밑줄 친 부분은 '폭발하다'와 바꾸어 쓸 수 있습니다.

5 '분출하다'는 '속에 있는 것을 밖으로 세게 밀어 내다.'라는 뜻을 가진 '뿜다'와 바꾸어 쓸 수 있습니다.

6 자신도 모르는 사이에 우리의 손이 균에 오염된다는 내용이 자연스러우므로, '알게 모르게'가 들어가기에 알맞습니다.

7 '액체나 기체 등의 흐름을 막거나 끊어서 통하지 못하게 하다.'라는 뜻을 가진 '차단하다'와 뜻이 비슷한 낱말은 '강물, 추위, 햇빛 등이 어떤 대상에 미치지 못하게 하다.'라는 뜻을 가진 '막다'입니다.

8 화산이 폭발하면 용암과 화산재로 인해 인명 피해가 발생한다고 했으므로, ④는 책의 내용으로 알맞지 않습니다.

1 ①　　　　**2** ③

3 쓸데없는　　**4** 착륙했다

5 분출　　　　**6** 발사하는

7 ③

한 걸음 더! (1) 항성 (2) 혜성 (3) 유성

1 '회전하다'는 '어떤 것을 중심으로 하여 그 주위를 빙빙 돌다.'라는 뜻이므로, '무엇의 주위를 원을 그리면서 움직이다.'라는 뜻의 '돌다'와 뜻이 비슷합니다.

3 '유용하다'는 '쓸모가 있다.'라는 뜻으로, '아무런 쓸모나 득이 될 것이 없다.'라는 뜻의 '쓸데없다'와 뜻이 반대입니다.

4 '이륙하다'는 '비행기 등이 날기 위하여 땅에서 떠오르다.'를 뜻하므로, '비행기 등이 공중에서 활주로나 판판한 곳에 내리다.'를 뜻하는 '착륙하다'와 뜻이 반대입니다.

5 용암이 솟구쳐 뿜어져 나오는 것을 뜻하는 말이 들어가야 하므로 '분출'이 알맞습니다. '분출하다'는 '액체나 기체 상태의 물질이 솟구쳐서 뿜어져 나오다. 또는 그렇게 되게 하다.'라는 뜻입니다.

7 이 글에서 울릉도의 옛 이름이 무엇인지에 대해서는 설명하지 않았습니다.

한 걸음 더! 태양은 보이는 위치를 바꾸지 않고 스스로 빛을 내는 별이므로 '항성'이 알맞습니다. 빛이 밝고 꼬리가 길다고 하였으므로 '혜성'이 알맞습니다. 밝은 빛을 내며 떨어진다고 하였으므로, '유성'이 알맞습니다.

7주 1일차

✐ ❶ 단순 ❷ 디자인 ❸ 실용적 ❹ 전시 ❺ 추상적 ❻ 특정

1 (1) ㉠ (2) ㉣ (3) ㉡ (4) ㉢

2 (1) 🍘 (2) ⬤

3 (1) ㉯ (2) ㉮

4 (1) 실용적 (2) 추상적

5 불특정

6 (1) ○

7 ①, ⑤   **8** ②

2 '실용적'은 '실제로 쓰기에 알맞은 것.'을 뜻하는 낱말입니다.

3 ㉮는 일이 간단해서 누구나 쉽게 따라 할 수 있다는 내용이므로, '단순해서'가 들어가기에 알맞고, ㉯는 미술관 마당에 작품을 벌여 놓고 여러 사람이 볼 수 있게 했다는 내용이므로 '전시해서'가 들어가기에 알맞습니다.

4 (1)은 쓸모 있고 실제로 쓰기에 알맞은 선물을 사 주고 싶다는 내용의 문장으로, '실제로 쓰기에 알맞은 것.'이라는 뜻을 가진 '실용적'이 들어가기에 알맞고, (2)는 그림을 이해하기가 어렵다는 내용의 문장으로, '일정한 형태와 성질을 갖추고 있지 않은 것.'을 뜻하는 '추상적'이 들어가기에 알맞습니다.

5 '특정'의 반대말은 '특별히 정하지 않음.'이라는 뜻을 가진 '불특정'입니다.

6 텀블러를 사용하지 않고 모으기만 한다면 쓸모없는 물건과도 같다는 말이므로, '무용지물'이 들어가기에 알맞습니다.

7 간단한 문구만 넣었다는 내용으로 보아, '단순한'이나 '단조로운'이 들어가기에 알맞습니다.

8 환경 보호를 위해 에코 백을 반복해서 사용해야 한다는 내용을 전하는 기사문입니다.

7주 2일차

✐ ❶ 쓸모 ❷ 장인 ❸ 옹기

1 (1) 따라서 (2) 만드는

2 (1) 쓸모 (2) 옹기

3 (1) 새겼다 (2) 빚었다

4 쓸모

5 (1) 만들다 (2) 파다

6 (1) ○

7 ③

8 ②, ③

1 '본뜨다'는 '이미 있는 것을 그대로 따라서 만들다.', '장인'은 '손으로 물건을 만드는 일을 직업으로 하는 사람.'이라는 뜻입니다.

2 '쓸 만한 가치.'라는 뜻을 가진 낱말은 '쓸모', '진흙으로 만들어 구운 그릇.'이라는 뜻을 가진 낱말은 '옹기'입니다.

3 (1)은 바위에 이름을 팠다는 내용이므로, '글씨나 형상을 파다.'라는 뜻을 가진 '새기다'가 들어가기에 알맞고, (2)는 옹기장이가 열심히 도자기를 만들었다는 내용이므로, '흙 등의 재료를 이겨서 어떤 형태를 만들다.'라는 뜻을 가진 '빚다'가 들어가기에 알맞습니다.

4 빈칸에 공통으로 들어갈 낱말은 '쓸 만한 가치.'를 뜻하는 '쓸모'입니다.

5 '빚다'는 '노력이나 기술 등을 들여 목적하는 사물을 이루다.'라는 뜻을 가진 '만들다'와 뜻이 비슷한 낱말이고, '새기다'는 '그림이나 글씨를 새기다.'라는 뜻을 가진 '파다'와 뜻이 비슷한 낱말입니다.

6 상품의 가치가 떨어진 식재료를 활용하면 여러 가지 좋은 점이 있다는 내용에 어울리는 한자 성어는 '일거양득'입니다.

7 '장인'과 뜻이 비슷한 낱말은 '어떤 분야에 전문적인 기술을 가진 사람.'을 뜻하는 '기술자'입니다.

8 ①은 글쓴이가 한 일, ④는 글쓴이가 본 일, ⑤는 글쓴이가 들은 일을 쓴 부분입니다.

1 (1) ㉯ (2) ㉮ (3) ㉰

2 (1) 덜 (2) 흐리다 (3) 밝기

3 ㉡

4 (1) ㉮ (2) ㉰ (3) ㉯

5 ⑤

6 (1) ○

7 ③

8 ㉣

1 '매우 훌륭한 작품.'은 '걸작', '여러 가지 선이나 색채로 평면에 그림을 그려 내는 미술의 한 분야.'는 '회화', '삼차원의 공간적 부피를 가진 물체를 보는 것과 같은 느낌을 주는 것.'은 '입체적'의 뜻입니다.

2 '미완성'은 '아직 덜 됨.', '탁하다'는 '액체나 공기 등에 다른 물질이 섞여 흐리다.', '명암'은 '그림이나 사진 등에서, 색의 짙기나 밝기의 정도.'를 뜻하는 낱말입니다.

3 '액체나 공기 등에 다른 물질이 섞여 흐리다.'라는 뜻을 가진 '탁하다'가 들어가기에 알맞지 않은 문장은 ㉡입니다. ㉡은 '맑다'나 '깨끗하다'가 들어가기에 알맞은 문장입니다.

4 ㉮는 조선 시대 그림 중 훌륭한 작품들만 모았다는 문장이므로 '걸작'이 들어가기에 알맞고, ㉯는 도로 공사가 아직 덜 끝나서 사람들이 불편을 겪고 있다는 문장이므로, '미완성'이 들어가기에 알맞습니다. ㉰는 평면에 그려진 도형에 관한 문장이므로, '입체적'이지 않다는 표현이 들어가기에 알맞습니다.

5 '입체적'과 뜻이 반대인 낱말은 '평면으로 되어 있는 것.'을 뜻하는 '평면적'입니다.

6 '귀에 익다'는 '들은 기억이 있다.'라는 뜻의 관용어입니다. (2)는 '귀가 얇다'의 뜻이고, (3)은 '귀를 의심하다'의 뜻입니다.

7 '매우 훌륭한 작품.'을 뜻하는 '걸작'과 뜻이 반대인 낱말은 '솜씨가 서투르고 보잘것없는 작품.'을 뜻하는 '졸작'입니다.

1 (1) ㉡ ○ (2) ㉠ ○

2 (1) 방법 (2) 변했다

3 소재

4

| 꽃을 여백으로 한 그림을 그렸어. ( ) | 두 그림은 사용된 기법이 똑같아. (○) | 우유를 더운 바깥에 두었더니 맛이 바랬어. ( ) |

5 (1) ㉯ (2) ㉮ (3) ㉰

6 (3) ○

7 ㉡

8 ③

3 빈칸에 공통으로 들어갈 알맞은 낱말은 '예술 작품에서 지은이가 말하고자 하는 바를 나타내기 위해 선택하는 재료.'를 뜻하는 '소재'입니다.

4 '여백'은 '종이 등에, 글씨를 쓰거나 그림을 그리고 남은 빈 자리.'를 뜻하는 낱말이므로, 첫 번째 친구의 말에 어울리지 않습니다. '바래다'는 '볕이나 습기를 받아 색이 변하다'를 뜻하는 낱말이므로, 처음처럼 바랬다는 세 번째 친구의 말은 알맞지 않습니다.

5 '기법'과 뜻이 비슷한 낱말은 '일정한 방법이나 형식.'이라는 뜻을 가진 '방식'이고, '여백'과 뜻이 비슷한 낱말은 '종이나 책 등에서 글씨나 그림이 없는 빈 곳.'을 뜻하는 '공백'입니다. '초상화'와 뜻이 비슷한 낱말은 '사람의 얼굴을 그림으로 그린 형상.'을 뜻하는 '화상'입니다.

6 빈칸에 들어갈 알맞은 관용어는 '세상에 그 이름이 널리 알려져 있다.'라는 뜻을 지닌 '이름 있다'입니다.

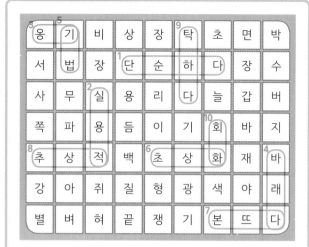

옹	기	비	상	장	탁	초	면	박
서	법	장	단	순	하	다	장	수
사	무	실	용	리	다	늘	갑	버
쪽	파	용	듬	이	기	회	바	지
추	상	적	백	초	상	화	재	바
강	아	쥐	질	형	광	색	야	래
별	벼	혀	끝	쟁	기	본	뜨	다

1 (1) ○　　　**2** (2) ○

3 ㉠, ㉣　　　**4** ㉡, ㉢

5 명암

6 실용적으로

7 예 이번에 미술관에 전시한 그림들은 해외 유명 화가의 작품이다.

8 예 탁한 실내 공기는 건강에 좋지 않다.

한 걸음 더! (1) 미모　(2) 미담　(3) 미관

---

3 '쓰임의 정도나 쓰이는 바.'를 뜻하는 '쓰임새'와 '쓸 만한 가치.'를 뜻하는 '쓸모'가 뜻이 비슷한 낱말입니다.

4 '복잡하지 않고 간단하다.'라는 뜻을 가진 '단순하다'와 뜻이 반대되는 말은 '복작거리어 혼잡스럽다.'라는 뜻을 가진 '복잡하다'입니다.

5 '그림이나 사진 등에서, 색의 짙기나 밝기의 정도.'를 뜻하는 '명암'이 들어가기에 알맞습니다.

6 화성은 실제로 상업과 군사의 중심지로서 쓰기에 알맞게 만든 성이라는 내용의 문장으로, '실제로 쓰기에 알맞은 것.'이라는 뜻의 '실용적'이 알맞습니다.

한 걸음 더! 엄마를 닮아 아름다운 얼굴은 '미모'가 알맞습니다. 큰돈이 든 지갑의 주인을 찾아 준 아름다운 이야기이므로 '미담'이 알맞습니다. 거리의 아름다움을 해친다는 이유로 낡은 육교가 철거되었다는 내용의 문장이므로, '미관'이 알맞습니다.

8주 인간관계와 관련된 말

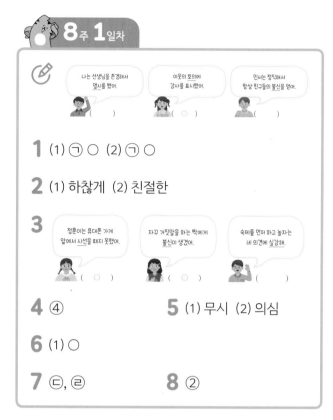

1 (1) ㉠ ○　(2) ㉠ ○

2 (1) 하찮게　(2) 친절한

3 (○)　( )　( )

4 ④　　　**5** (1) 무시　(2) 의심

6 (1) ○

7 ㉢, ㉣　　　**8** ②

---

1 '실감하다'는 '실제로 체험하는 듯한 느낌을 받다.', '시선'은 '눈이 가는 길. 또는 눈의 방향.'이라는 뜻입니다. (1)의 ㉡은 '동감하다', (2)의 ㉡은 '목적'의 뜻입니다.

3 마지막 친구는 '어떤 견해나 의견에 같은 생각을 가지다.'라는 뜻을 가진 '동감하다'를 넣어서 말해야 합니다.

4 빈칸에는 '친절한 마음씨. 또는 좋게 생각하여 주는 마음.'이라는 뜻의 '호의'가 들어가기에 알맞습니다.

5 '멸시'와 뜻이 비슷한 낱말은 '사람을 깔보거나 업신여김.'이라는 뜻의 '무시'이고, '불신'과 뜻이 비슷한 낱말은 '확실히 알 수 없어서 믿지 못하는 마음.'이라는 뜻의 '의심'입니다.

6 학생들 사이에 문제가 발생할 때마다 잘잘못을 가리기 쉽다는 내용의 문장이므로, 빈칸에는 '시시비비'가 들어가기에 알맞습니다.

7 유령이 스크루지의 잘못을 용서해 주었다는 내용은 이 글에 나와 있지 않고, 사람들은 스크루지의 죽음을 안타까워한 것이 아니라 비웃었습니다.

8 '시선'과 뜻이 비슷한 낱말은 '눈이 가는 곳. 또는 눈의 보는 방향.'을 뜻하는 '눈길'입니다.

말풍선 속 글자: 항상 **격식**을 갖춰 어른들을 대하는 모습이 참 기특해.

어른을 **공경**하는 착한 어린이구나!

며칠 후부터 집 공사를 해서 소음이 발생할 수 있으니 **양해**를 부탁드려요.

우리는 어린 시절부터 같은 동네에서 자란 **막역한** 친구 사이야.

산과 강의 **조화**로 유명한 우리 마을의 아름다운 자연환경이 자랑스러워요.

앞으로도 서로 **화합**하며 모두 사이좋은 이웃으로 지내요.

1 (1) ㉰ (2) ㉯ (3) ㉮

2 (1) 어울림 (2) 방식 **3** (1) 조화 (2) 양해

4 (1) 막역하다 (2) 공경하다

5 ㉢ **6** (1) ○

7 ② **8** ①, ④

2 '조화'는 '서로 잘 어울림', '격식'은 '격에 맞는 일정한 방식.'을 뜻하는 말입니다.

3 (1)은 생물들이 생태계 안에서 서로 잘 어울리며 산다는 내용으로, '조화'가 들어가기에 알맞습니다. (2)는 엘리베이터를 사용할 수 없는 것을 너그러이 받아들여 달라는 글이 붙어 있었다는 내용으로 '양해'가 들어가기에 알맞습니다.

4 (1)의 성호와 '나'에게 어울리는 말은 '허물없이 아주 친하다.'라는 뜻을 가진 '막역하다'이고, (2)의 아빠에게 어울리는 말은 '공손히 받들어 모시다.'라는 뜻을 가진 '공경하다'입니다.

5 ㉠, ㉡, ㉢은 뜻이 비슷한 낱말끼리 짝 지어진 것입니다.

6 빈칸 뒤에 웃어른이 수저를 먼저 들어야 식사를 시작했고, 웃어른이 식사를 마치고 자리에서 일어난 뒤에 일어났다는 것으로 보아, 빈칸에는 '찬물도 위아래가 있다'라는 속담이 들어가기에 알맞습니다.

7 '어울림'과 바꾸어 쓸 수 있는 낱말은 '서로 잘 어울림.'이라는 뜻을 가진 '조화'입니다.

8 탕평채는 신하들이 화합하고 조화를 이루기를 바라는 영조의 깊은 뜻이 담긴 음식입니다.

✏️ ❶ 견해 ❷ 담판 ❸ 발언 ❹ 언쟁 ❺ 이의 ❻ 해명

1 (1) ㉠ (2) ㉣ (3) ㉡ (4) ㉢

2 (1) 다툼 (2) 의견 **3** (2) ○

4 (1) ㉳ (2) ㉮ (3) ㉯

5 동의 **6** (2) ○

7 (1) ㉳ (2) ㉯ (3) ㉮

8 (1) ○

2 '언쟁'은 '말로 옳고 그름을 가리는 다툼.', '견해'는 '어떤 사물이나 현상에 대한 자기의 의견이나 생각.'이라는 뜻의 낱말입니다.

3 '어떤 사물이나 현상에 대한 자기의 의견이나 생각.'을 뜻하는 '견해'가 들어가기에 알맞습니다.

4 (1)은 층간 소음 문제로 이웃 간에 말다툼이 벌어져 시끄러웠다는 문장으로 '언쟁'이 들어가기에 알맞고, (2)는 그 일에 직접 관계된 사람들끼리 만나서 옳고 그름을 판단하였다는 문장으로 '담판'이 들어가기에 알맞습니다. (3)은 수업 시간에 휴대 전화를 꺼 놓자는 주장에 아무도 다른 의견을 제기하지 않았다는 문장으로 '이의'가 들어가기에 알맞습니다.

5 '다른 의견이나 생각.'이라는 뜻을 가진 '이의'와 뜻이 반대인 낱말은 '같은 의견.'이라는 뜻을 가진 '동의'입니다.

6 '말을 삼키다'는 '하려던 말을 그만두다.'라는 뜻입니다. (1)은 '말을 떼다', (3)은 '말이 아니다'라는 뜻의 관용어입니다.

7 '언쟁'과 바꾸어 쓸 수 있는 낱말은 '말로 옳고 그름을 가리는 다툼.'이라는 뜻을 가진 '말다툼'이고, '담판'과 바꾸어 쓸 수 있는 낱말은 '어떤 일에 대하여 서로 의견을 주고받음.'이라는 뜻을 가진 '의논'이며, '견해'와 바꾸어 쓸 수 있는 낱말은 '어떤 일에 대한 의견이나 느낌을 가짐. 또는 그 의견이나 느낌.'이라는 뜻을 가진 '생각'입니다.

8 서희가 소손녕과 담판을 지은 뒤 거란은 고려와 싸우지 않고 자신의 나라로 되돌아갔습니다.

✏️ ❶ 유대감 ❷ 소외감 ❸ 인내

1 (1) ㉡ ○ (2) ㉠ ○

2 (1) ㉣ (2) ㉢ (3) ㉠ (4) ㉡

3 ㉡

4 (1) 대면하기가 (2) 인내하면 (3) 유대감

5 ㉡, ㉢

6 (2) ○

7 (1) 유대감과 친밀감 (2) 소외감

8 ②

2 ㉠은 '대면하다', ㉡은 '인내하다', ㉢은 '유대감', ㉣은 '소외감'의 뜻입니다.

3 ㉡에는 '남을 대하기에 떳떳한 도리나 얼굴.'을 뜻하는 '체면'이 들어가기에 알맞습니다.

4 (1)은 누나와 싸우고 난 뒤라 서로 얼굴을 마주 보고 대하기가 껄끄러웠다는 내용의 문장으로 '대면하기가'가 들어가기에 알맞고, (2)는 힘들어도 참고 견디면 언젠가는 좋은 날이 올 것이라는 내용의 문장으로 '인내하면'이 들어가기에 알맞습니다. (3)은 가족 모두가 함께 운동을 하면 서로 연결되어 있는 느낌을 쌓을 수 있다는 내용의 문장으로 '유대감'이 들어가기에 알맞습니다.

5 '서로 얼굴을 마주 보고 대하다.'라는 뜻의 '대면하다'와 '마주 향하여 있다.'라는 뜻의 '대하다'는 뜻이 비슷한 낱말입니다. 또한 '괴로움이나 어려움을 참고 견디다.'라는 뜻의 '인내하다'와 '힘들거나 어려운 것을 참고 버티어 살아나가다.'라는 뜻의 '견디다'도 뜻이 비슷한 낱말입니다.

6 도로 정체 문제를 해결하기 위해 헌신적으로 노력하는 시민들의 행동을 나타내기에 알맞은 한자 성어는 '분골쇄신'입니다.

7 찬성편에서 신조어를 사용해도 괜찮다고 주장하는 까닭과 반대편에서 신조어를 사용하면 안 된다고 주장하는 까닭을 정리하여 써 봅니다.

8 '초면'과 뜻이 반대인 낱말은 '예전부터 알고 있던 처지. 또는 그런 사람.'을 뜻하는 '구면'입니다.

¹멸	²시				⁴막	
	선				역	
			³동	감	하	다
					다	
	⁵양	⁶해		⁸호		¹⁰공
		명	⁷이	의		경
		하				하
		다	⁹발	언	하	다

1 공감하는

2 밝혀야겠다고

3 갈등할

4 악의

5 ⑤

6 ①

7 ②

한 걸음 더! (1) 감동 (2) 감각 (3) 거부감

1 '동감하다'와 뜻이 비슷한 낱말은 '남의 감정, 의견, 주장 등에 대하여 자기도 그렇다고 느끼다.'라는 뜻의 '공감하다'입니다.

2 '해명하다'와 뜻이 비슷한 낱말은 '드러나지 않거나 알려지지 않은 사실, 내용, 생각 등을 드러내 알리다.'라는 뜻의 '밝히다'입니다.

3 '화합하다'와 뜻이 반대되는 낱말은 '서로 생각이 달라 부딪치다.'를 뜻하는 '갈등하다'입니다.

4 '호의'와 뜻이 반대되는 낱말은 '나쁜 마음.'을 뜻하는 '악의'입니다.

7 세계화의 뜻과 대표적 사례, 세계화의 장점과 단점에 대해 설명하는 글로, 가장 중요한 낱말은 '세계화'입니다.

한 걸음 더! 책이 사람의 마음을 움직인다는 것이므로 알맞은 낱말은 '감동'입니다. 시각, 청각, 미각, 후각, 촉각을 아우르는 낱말은 '감각'입니다. 야채를 싫어하는 사람들도 받아들이고 싶지 않은 느낌 없이 먹을 수 있다는 것이므로 '거부감'이 알맞습니다.

하루의 학습이 끝날 때마다
붙임딱지를 골라 붙여 케이크를 꾸며 보세요.

구성 한눈에 보기

하루 한장 문해력 향상 프로젝트

학년별로 꼭 필요한 어휘를 재미있게 공부해요.

1단계(1~2학년)	
1주차	흉내 내는 말
2주차	마음을 나타내는 말
3주차	차례를 나타내는 말
4주차	수를 세는 말
5주차	계절과 관련된 말
6주차	나와 가족과 관련된 말
7주차	주변 장소와 관련된 말
8주차	안전과 관련된 말

2단계(1~2학년)	
1주차	느낌을 나타내는 말
2주차	마음을 나타내는 말
3주차	일이 일어난 때와 관련된 말
4주차	재거나 세는 말
5주차	자연과 관련된 말
6주차	공동체와 관련된 말
7주차	우리 문화와 관련된 말
8주차	산업과 관련된 말

3단계(3~4학년)	
1주차	의사소통과 관련된 말
2주차	성격을 나타내는 말
3주차	우리 지역과 관련된 말
4주차	시대별 삶의 모습과 관련된 말
5주차	날씨, 생활과 관련된 말
6주차	동물, 식물의 세계와 관련된 말
7주차	음악, 문화와 관련된 말
8주차	약속, 규칙과 관련된 말

4단계(3~4학년)	
1주차	자료 활용과 관련된 말
2주차	느낌이나 감정을 나타내는 말
3주차	우리 생활 환경과 관련된 말
4주차	경제 활동과 관련된 말
5주차	자연재해와 관련된 말
6주차	신비로운 지구, 우주와 관련된 말
7주차	아름다운 미술, 문화와 관련된 말
8주차	인간관계와 관련된 말

5단계(5~6학년)	
1주차	아름다운 우리말
2주차	성질이나 상태와 관련된 말
3주차	토의, 토론과 관련된 말
4주차	인문, 자연 환경과 관련된 말
5주차	옛날과 오늘날의 문화와 관련된 말
6주차	생물과 관련된 말
7주차	지구의 땅과 관련된 말
8주차	문화 예술과 관련된 말

6단계(5~6학년)	
1주차	문학 작품 읽기와 관련된 말
2주차	비문학 작품 읽기와 관련된 말
3주차	매체 자료와 관련된 말
4주차	정치, 경제와 관련된 말
5주차	세계의 여러 나라와 관련된 말
6주차	자연, 우리 생활과 관련된 말
7주차	운동, 에너지와 관련된 말
8주차	스포츠와 관련된 말

* 2022 개정 교육과정에 따라 순차적으로 개발될 예정이며, 5~6단계의 주차명은 위와 다를 수 있습니다.

어휘로 문해력의 기초를 다지고 싶다면?

하루 한장 어휘 * 6책, 학년별

국어 학습의 기본이 되는 초등 필수 어휘를 익혀요.
문장과 글 속에서 어휘를 활용하는 연습을 할 수 있어요.

기본 문해력을 다지고 싶다면?

하루 한장 독해 * 6책, 학년별

독해 원리 학습을 통해 독해의 기본을 공부해요.
국어 교과와 연계하여 문해력의 기초를 다질 수 있어요.

좀 더 향상된 문해력을 가지고 싶다면?

하루 한장 독해+ * 6책, 학년별

본격적인 독해 훈련으로 실전 감각을 키워요.
고난도 독해를 해결하며 문해력을 향상시킬 수 있어요.

문해력을 키우며 배경지식을 넓히고 싶다면?

하루 한장 비문학독해 사회편/과학편 * 6책, 학년별

사회, 과학 교과 연계 지문을 통해 배경지식을 확장해요.
비문학 독해를 중점적으로 훈련하며 문해력뿐만 아니라 교과
공부력을 키울 수 있어요.

하루 한장 어휘
케이크 꾸미기

어휘 실력을 키울 때마다 예쁘게 꾸며지는

_____ 의 케이크
↑ 이름을 쓰세요.

매일매일 부담 없이
공부 습관을 길러 주는

하루한장

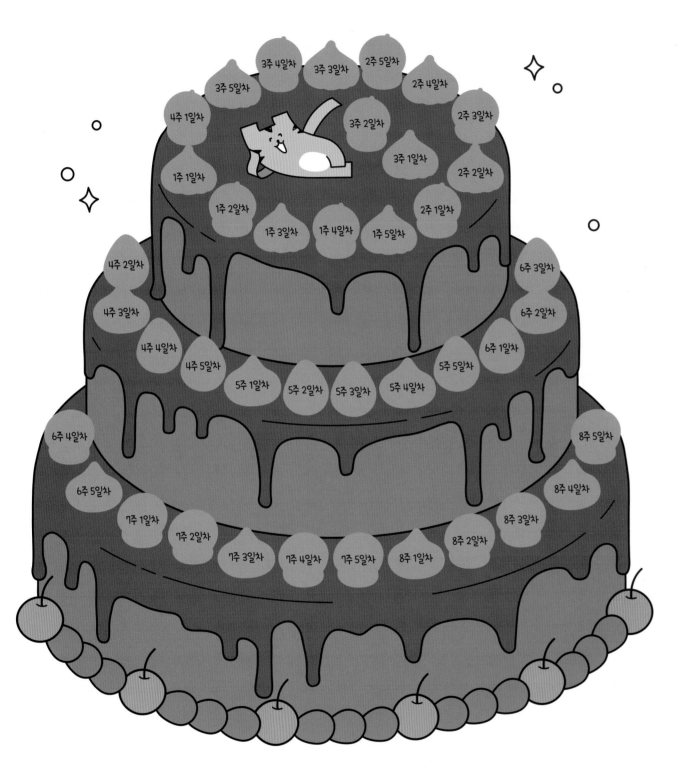

3주 4일차
3주 3일차
2주 5일차
3주 5일차
2주 4일차
4주 1일차
3주 2일차
2주 3일차
1주 1일차
3주 1일차
2주 2일차
1주 2일차
2주 1일차
1주 3일차
1주 4일차
1주 5일차
2주 1일차
4주 2일차
6주 3일차
4주 3일차
6주 2일차
4주 4일차
6주 1일차
4주 5일차
5주 1일차
5주 2일차
5주 3일차
5주 4일차
5주 5일차
6주 4일차
8주 5일차
6주 5일차
8주 4일차
7주 1일차
7주 2일차
8주 3일차
7주 3일차
7주 4일차
7주 5일차
8주 1일차
8주 2일차

케이크를 다 완성했을 때
부모님과의 약속 ♥